출간 교재 | 25년 출간 교재

분류	과목	교재	예비 초등			1-2학년				3-4학년				5-6학년				예비중등	
쓰기력	국어	한글 바로 쓰기	P1	P2	P3														
			P1~3_활동 모음집																
	국어	맞춤법 바로 쓰기				1A	1B	2A	2B										
어휘력	전 과목	어휘				1A	1B	2A	2B	3A	3B	4A	4B	5A	5B	6A	6B		
	전 과목	한자 어휘				1A	1B	2A	2B	3A	3B	4A	4B	5A	5B	6A	6B		
	영어	파닉스				1		2											
	영어	영단어								3A	3B	4A	4B	5A	5B	6A	6B		
독해력	국어	독해	P1		P2	1A	1B	2A	2B	3A	3B	4A	4B	5A	5B	6A	6B		
	한국사	독해 인물편								1		2		3		4			
	한국사	독해 시대편								1		2		3		4			
계산력	수학	계산				1A	1B	2A	2B	3A	3B	4A	4B	5A	5B	6A	6B	7A	7B
교과서 문해력	전 과목	교과서가 술술 읽히는 서술어				1A	1B	2A	2B	3A	3B	4A	4B	5A	5B	6A	6B		
	사회	교과서 독해								3A	3B	4A	4B	5A	5B	6A	6B		
	과학	교과서 독해								3A	3B	4A	4B	5A	5B	6A	6B		
	수학	문장제 기본				1A	1B	2A	2B	3A	3B	4A	4B	5A	5B	6A	6B		
	수학	문장제 발전				1A	1B	2A	2B	3A	3B	4A	4B	5A	5B	6A	6B		
창의·사고력	전 과목	교과서 놀이 활동북	1 2 3 4 (예비 초등 ~ 초등 2학년)																

* 완자 공부력 신간은 계속해서 출간됩니다.

세상이 변해도
배움의 즐거움은
변함없도록

시대는 빠르게 변해도
배움의 즐거움은
변함없어야 하기에

어제의 비상은
남다른 교재부터
결이 다른 콘텐츠
전에 없던 교육 플랫폼까지

변함없는 혁신으로
교육 문화 환경의 새로운 전형을
실현해왔습니다.

비상은 오늘, 다시 한번
새로운 교육 문화 환경을 실현하기 위한
또 하나의 혁신을 시작합니다.

오늘의 내가 어제의 나를 초월하고
오늘의 교육이 어제의 교육을 초월하여
배움의 즐거움을 지속하는 혁신,

바로, 메타인지 기반 완전 학습을.

상상을 실현하는 교육 문화 기업 비상

메타인지 기반 완전 학습

초월을 뜻하는 meta와 생각을 뜻하는 인지가 결합한 메타인지는
자신이 알고 모르는 것을 스스로 구분하고 학습계획을 세우도록 하는
궁극의 학습 능력입니다. 비상의 메타인지 기반 완전 학습 시스템은
잠들어 있는 메타인지를 깨워 공부를 100% 내 것으로 만들도록 합니다.

✂

카드 활용 방법 1

① 카드 위쪽의 동그라미 모양에 따라 구멍을 뚫어요.

② 카드링으로 카드들을 묶어요.

③ 카드를 넘기며 속담과 관용어를 읽고, 그 뜻을 익혀요.

카드 활용 방법 2

① 카드를 모아 카드의 앞면이 보이게 쌓아요.

② 카드 앞면에 적힌 속담이나 관용어의 뜻을 말하고, 뜻이 맞으면 카드를 가져요.

③ 카드가 모두 사라지면, 자기 카드의 ✿을 세요. ✿이 가장 많은 사람이 이겨요.

일을 여럿이 나누어 하다.	확실하지 않고 엉뚱한 것을 좇다.
다른 사람의 이야기나 의견에 관심을 가지고 주의를 모으다.	아파서 누워 있던 사람이 일어나서 활동하다.
다른 사람의 기분에 맞추기 위해 말이나 행동을 하다.	함께 일할 때 마음과 의견 등을 서로 맞게 하다.
검소한 생활을 하다.	잠을 자다.

어떤 일을 할 때 모두 힘을 합쳐야 올바르게 된다.	어쩌다 우연히 이루거나 알아맞히다.
우연히 기회를 잘 잡아 이용한다.	자기만 위할 줄 안다.
자식을 훌륭하게 기르려면 어려서부터 엄하게 해야 한다.	아무리 큰 일이라도 작은 것부터 시작한다.
어떤 일에 꽉 잡혀서 벗어나지 못하게 하다.	생각으로 복잡한 머리를 차분하게 하다.

속담·관용어 카드

이 책에 나오는 서술어가 쓰인 속담과 관용어예요.
공부한 서술어를 떠올리며 카드를 활용해 보세요.

카드 만들기
1. 카드의 앞면에는 속담이나 관용어가 적혀 있고, 뒷면에는 뜻이 적혀 있어요.
   속담이나 관용어에 따라 ❀의 개수가 달라요.
2. 점선에 따라 카드를 잘라요. 카드를 자를 때는 손을 다치지 않게 조심해요.

속담	속담
❀ 황소 뒷걸음치다가 쥐 잡는다.	❀❀❀ 종잇장도 네 귀를 들어야 바르다.
❀❀ 제 얼굴엔 분 바르고 남의 얼굴엔 똥 바른다.	❀❀❀ 지나가는 불에 밥 익히기.
❀ 작은 것부터 큰 것이 이루어진다.	❀❀ 호랑이는 제 새끼를 벼랑에서 떨어뜨려 보고 기른다.
관용어 ❀ 머리를 정리하다.	관용어 ❀❀ 발목을 잡다.

관용어	관용어
❀❀ 뜬구름을 잡다.	❀ 손을 나누다.
❀❀ 자리를 털고 일어나다.	❀❀ 귀를 기울이다.
❀ 손발을 맞추다.	❀❀❀ 장단을 맞추다.
❀❀ 눈을 붙이다.	❀❀❀ 허리띠를 졸라매다.

공부로 이끄는 힘

완자 공부력

교과서문해력

[교과서가 술술 읽히는 서술어]

2A

함께 공부할 친구들

안녕?
우리는 너와 함께
공부할 친구들이야.

안녕? 난 레서판다 '퐁퐁이'야.
매일 딸기우유를 마셨더니 언젠가부터
분홍색 털이 자라기 시작했어!
딸기우유는 정말 맛있어!

서술어, 왜 공부할까?

그런데 너희 서술어가 뭔지 알아?

서술어란 문장에서 '누가/무엇이 어찌하다',
'누가/무엇이 어떠하다', '누가/무엇이 무엇이다', 에서
'어찌하다', '어떠하다', '무엇이다'에 해당하는 낱말이야.

잘 모르겠다고?

'은지가 달린다.'에서 '달린다'
'하늘이 아름답다.'에서 '아름답다'
'은지는 학생이다.'에서 '학생이다'가 서술어야.

서술어는 문장에서 중요한 역할을 하기 때문에
서술어를 이해해야 한 문장의 뜻을 완전하게 이해할 수 있는 것이지.

안녕? 난 쿼카 '동동이'야.
내 취미는 예쁜 나뭇잎을 모으는 거야.
내 주머니 속엔 알록달록
나뭇잎이 가득해.

안녕? 난 꿀벌 '봉봉이'야.
난 날개가 작아서 날지 못할까 봐
늘 걱정했어. 하지만 열심히 연습해서
지금은 빠르게 날 수 있지!

그럼 서술어를 왜 공부해야 할까?
교과서를 이해하는 데 서술어 공부가
왜 도움이 되는 거지?

교과서 읽기에서 서술어가 중요할까요?	➞	**YES**	문장으로 읽고 말하는 교과서, **서술어가 문장을 완성해요!**
개념어만 알면 개념을 아는 걸까요?	➞	**NO**	'개념어+서술어'로 구성된 개념 문장, **서술어에 따라 개념이 달라져요!**
한 번에 한 과목만 공부해야 할까요?	➞	**NO**	공통으로 사용하는 서술어를 기준으로, **여러 과목을 한 번에 공부할 수 있어요!**

이제 서술어를 왜 공부해야 하는지 알겠지?
우리와 함께 공부를 마치면 교과서가 술술 읽힐 거야.
그럼 공부하러 출발~!

교과서 문해력을 높이는

교과서가 술술 읽히는 서술어

이런 서술어로 구성했어요.

비교하며 개념을 이해해요!
뜻이 반대인 서술어

자주 틀리는 서술어를
올바르게 이해해요!
헷갈리는 서술어

▶▶▶▶
▶▶▶▶

1A

많다·적다
크다·작다
모으다·가르다
더하다·빼다
밀다·당기다
길다·짧다
무겁다·가볍다
넓다·좁다
높다·낮다
넣다·꺼내다

문장마다 달라지는 쓰임을 이해해요!
뜻이 다양한 서술어

짓다 | 세다 | 쓰다
기울이다 | 담다

활동 의도를 제대로 이해해요!
활동을 안내하는 서술어

▶▶▶▶

알아보다 | 살펴보다
비교하다 | 나타내다
떠올리다

1-2학년군 구성
1A, 1B, 2A, 2B

1B

굵다·가늘다
두껍다·얇다
늘리다·줄이다
빠르다·느리다
굽히다·펴다
가깝다·멀다
주다·받다
쉽다·어렵다
채우다·비우다
켜다·끄다

가지다 | 열다
묶다 | 지키다
쌓다

표현하다 | 소개하다
발표하다 | 완성하다
실천하다

2A

맞히다·맞추다
짐작하다·어림하다
잊어버리다·잃어버리다
붙이다·부치다
매다·메다

잡다 | 바르다 | 나누다
익히다 | 남다 | 일어나다
걸리다 | 맡다
이루어지다 | 기르다

계획하다 | 정리하다
감상하다 | 분류하다
조사하다

2B

이용하다·사용하다
다르다·틀리다
가리키다·가르치다
존중하다·존경하다
발명하다·발견하다

풀리다 | 벌어지다
얻다 | 세우다 | 펼치다
깊다 | 드러나다
고르다 | 넘다 | 옮기다

정하다 | 확인하다
설명하다 | 의논하다
관찰하다

이렇게 활용해요

준비 하기

코딩을 응용한 활동과 공부할 낱말을 살펴보며
스스로 공부할 준비를 할 수 있어요.

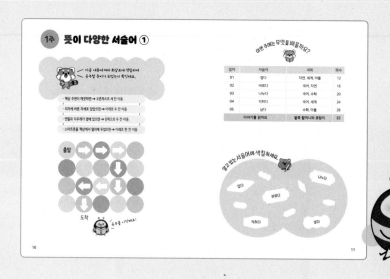

일차 학습

하루 **4쪽**으로 교과서 낱말을
놀이하듯 재미있게 학습을 할 수 있어요.

그림과 함께
낱말의 뜻 이해하기

만화를 보며 자연스럽게
낱말 알아보기

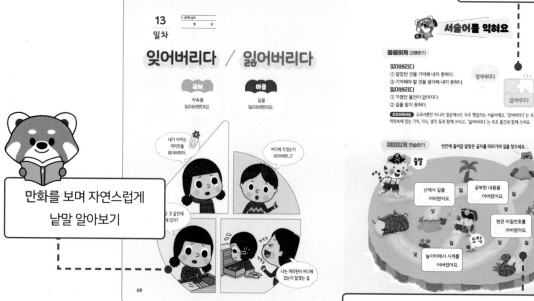

퍼즐, 선택하기, 선 잇기, 고르기 등의
놀이로 재미있게 낱말 연습하기

공부한 낱말을 **독해로 복습**하며 낱말의 이해를 넓혀요.
낱말을 종합한 문제를 풀며 **실력을 확인**해요.

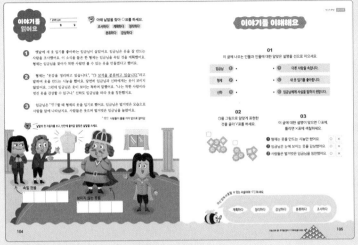

한 권에서 공부한 낱말과 관련한
문제를 풀며 실력을 확인해요.

▼

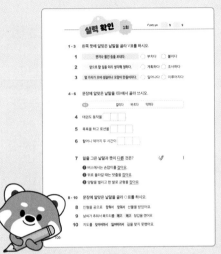

▲

한 주 동안 공부한
낱말이 쓰인 이야기 글을 읽고,
문제를 풀며 이해를 넓혀요.

국어 · 수학 · 바슬즐 교과서 문장에서
낱말의 쓰임 이해하기

다양한 유형의 문제를 풀며
실력을 다지고, 수업에
활용할 수 있는 예문 연습하기

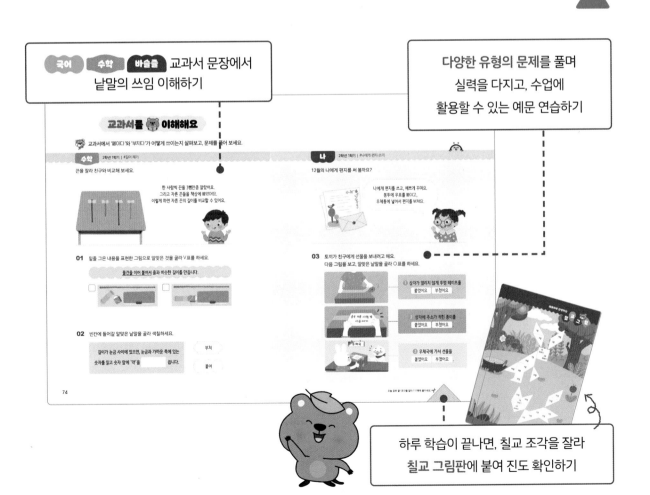

하루 학습이 끝나면, 칠교 조각을 잘라
칠교 그림판에 붙여 진도 확인하기

무엇을 공부할까요

공부 시작! 차근차근 공부하자.

1주 | 뜻이 다양한 서술어 ①

일차	서술어	과목	쪽수
01	잡다	자연, 세계, 마을	12
02	바르다	국어, 자연	16
03	나누다	국어, 수학	20
04	익히다	국어, 세계	24
05	남다	수학, 마을	28
이야기를 읽어요		팥죽 할머니와 호랑이	32

2주에는 어떤 새로운 서술어를 배울까?

2주 | 뜻이 다양한 서술어 ②

일차	서술어	과목	쪽수
06	일어나다	국어, 나, 세계	36
07	걸리다	국어, 마을, 세계	40
08	맡다	국어, 자연	44
09	이루어지다	수학, 나	48
10	기르다	나, 자연	52
이야기를 읽어요		토끼와 자라	56

재미있게 공부하다 보니 벌써 3주네.

3주 ｜ 헷갈리는 서술어

일차	서술어	과목	쪽수
11	맞히다 / 맞추다	국어, 수학	60
12	짐작하다 / 어림하다	국어, 수학	64
13	잊어버리다 / 잃어버리다	국어, 마을	68
14	붙이다 / 부치다	수학, 나	72
15	매다 / 메다	세계, 마을	76
이야기를 읽어요		헨젤과 그레텔	80

마지막까지 열심히 공부하고, 실력 확인도 잊지 말아야지.

4주 ｜ 활동을 안내하는 서술어

일차	서술어	과목	쪽수
16	계획하다	국어, 마을	84
17	정리하다	국어, 마을	88
18	감상하다	국어, 세계	92
19	분류하다	수학, 자연	96
20	조사하다	세계, 자연	100
이야기를 읽어요		벌거벗은 임금님	104
실력 확인(1회, 2회)			106

정답과 해설

뜻이 다양한 서술어 ①

다음 내용에 따라 화살표에 색칠하며
공부할 준비가 되었는지 확인해요.

- 책상 주변이 깨끗하면 ➡ 오른쪽으로 세 칸 이동

- 의자에 바른 자세로 앉았으면 ➡ 아래로 두 칸 이동

- 연필과 지우개가 옆에 있으면 ➡ 왼쪽으로 두 칸 이동

- 스마트폰을 책상에서 멀리에 두었으면 ➡ 아래로 한 칸 이동

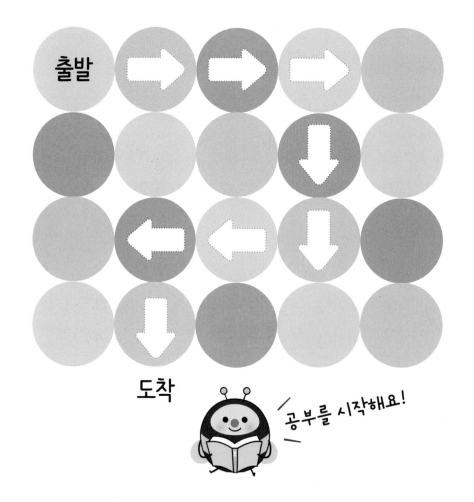

출발

도착

공부를 시작해요!

이번 주에는 무엇을 배울까요?

일차	서술어	과목	쪽수
01	잡다	자연, 세계, 마을	12
02	바르다	국어, 자연	16
03	나누다	국어, 수학	20
04	익히다	국어, 세계	24
05	남다	수학, 마을	28
이야기를 읽어요		팥죽 할머니와 호랑이	32

알고 있는 서술어에 색칠하세요.

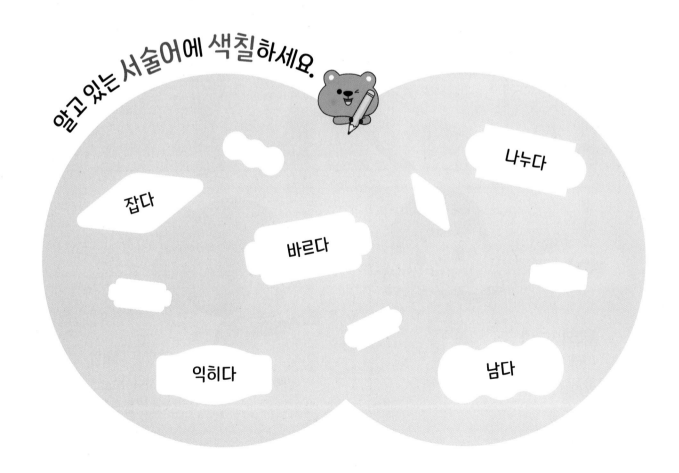

잡다

나누다

바르다

익히다

남다

잡다

자연

막대를
잡습니다.

세계

술래가 다른 사람을
잡아요.

마을

균형을
잡아요.

저기 봐.
홍학이야.

홍학이 한 다리로
균형을 잡고 있어.

홍학의 자세를
따라 해야지.
홍학처럼 보이니?

홍학은 너처럼
흔들거리지 않는걸.
위험하니 내 손을 잡아.

서술어를 익혀요

꼼꼼하게 이해하기

잡다

① 손에 힘을 주어 쥐고 놓지 않다.

　예 손을 꼭 잡다.

② 붙들어 손에 넣다.

　예 어부가 고기를 잡다.

③ 중심이나 균형을 맞춘 상태를 유지하다.

　예 저울의 균형을 잡다.

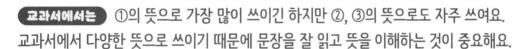

교과서에서는 ①의 뜻으로 가장 많이 쓰이긴 하지만 ②, ③의 뜻으로도 자주 쓰여요.
교과서에서 다양한 뜻으로 쓰이기 때문에 문장을 잘 읽고 뜻을 이해하는 것이 중요해요.

재미있게 연습하기

괄호 안에 들어갈 낱말이 적힌 꽃을 골라 선으로 이으세요.

매미

도둑

밧줄

공

균형

중심

(　　)을 잡다.
손에 힘을 주어
쥐고 놓지 않다.

(　　)을/를 잡다.
붙들어 손에 넣다.

(　　)을 잡다.
중심이나 균형을
맞춘 상태를
유지하다.

교과서를 이해해요

🦝✏️ 교과서에서 '잡다'가 어떻게 쓰이는지 살펴보고, 문제를 풀어 보세요.

자연   2학년 1학기 | #나무 막대 잡기 놀이

자연에서 놀아 볼까요?

앞사람이 가지고 있던
나무 막대가 쓰러지기 전에
재빠르게 잡습니다.

📌 **꼼꼼하게** 이해하기 의
①의 뜻으로 쓰였어요.

세계   2학년 1학기 | #술래잡기

친구와 손잡고 놀아 볼까요?

술래가 다른 사람을 잡아요.
술래에게 잡힌 사람은
술래와 손잡아요.

📌 **꼼꼼하게** 이해하기 의
②의 뜻으로 쓰였어요.

마을   2학년 1학기 | #균형 잡기 놀이

균형을 잡으며 놀아 볼까요?

양팔을 벌리고
균형을 잡아요.

📌 **꼼꼼하게** 이해하기 의
③의 뜻으로 쓰였어요.

14

01

밑줄 그은 낱말 중에서
뜻이 다른 것을 골라
V표를 하세요.

☐ 한 발로 서서 균형을 <u>잡아요</u>.

☐ 몸이 흔들리지 않게 책상을 <u>잡아요</u>.

☐ 손으로 자전거의 손잡이를 바르게 <u>잡아요</u>.

02

아래의 뜻으로 쓰인 낱말을
골라 색칠하세요.

> 붙들어 손에 넣다.

재미있는 기차놀이

먼저 친구와 가위바위보를 해요. 진 사람이
이긴 사람의 어깨를 잡아요 . 기차를 만들어
혼자인 사람을 잡아요 .

03

아래 내용에 알맞은 동작을
한 친구를 골라 ○표를 하세요.

> 의자 옆에서
> 중심을 잡아요.

바르다

국어	자연
앉은 자세가 바릅니다.	연고를 바릅니다.

식빵에 잼을 발라야지.

앗!

네가 비뚤게 앉아서 그래.
앉은 자세가 발라야지.

툭!

나나 때문에
빵을 떨어뜨렸잖아.

서술어를 익혀요

꼼꼼하게 이해하기

바르다

① 겉으로 보기에 비뚤어지거나 굽은 곳이 없다.
　　예 자세가 바르다.
② 말이나 행동이 어긋남이 없다.
　　예 예의가 바르다.
③ 풀이나 약, 화장품 등을 겉에 묻히다.
　　예 입술에 입술 보호제를 바르다.

　교과서에서는 다양한 뜻으로 쓰이기 때문에 '바르다' 앞에 오는 내용을 잘 살펴봐야 해요.
앞에 '~에 ~을/를'이 나오면 ③의 뜻으로 사용된 것이에요.

재미있게 연습하기　밑줄 그은 낱말의 뜻이 적힌 아이스크림을 골라 번호를 쓰세요.

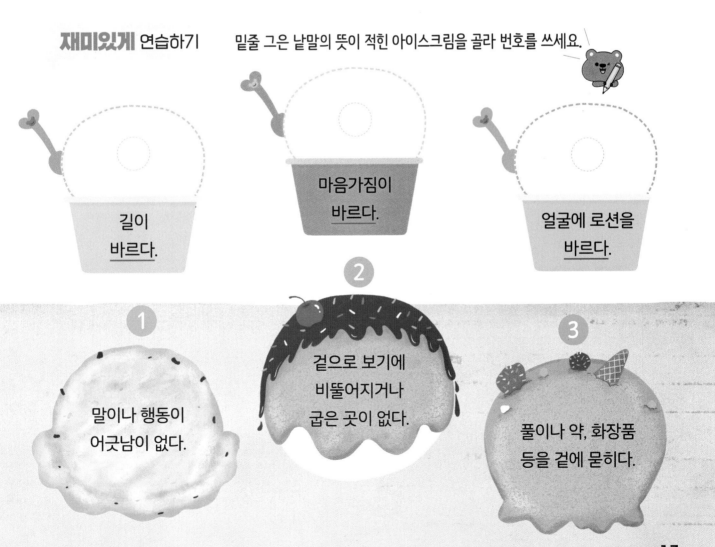

길이
바르다.

마음가짐이
바르다.

얼굴에 로션을
바르다.

2

1
말이나 행동이
어긋남이 없다.

겉으로 보기에
비뚤어지거나
굽은 곳이 없다.

3
풀이나 약, 화장품
등을 겉에 묻히다.

17

교과서를 🐻 이해해요

🦝 교과서에서 '바르다'가 어떻게 쓰이는지 살펴보고, 문제를 풀어 보세요.

국어 2학년 1학기 | #발표 듣는 자세

발표를 들을 때 주의할 점을 알아봅시다.

> 의자에 바르게 앉아 발표를 듣습니다.
> 해인이는 앉은 자세가 ㉠ 바릅니다.

> 질문할 때는 친절하게 말합니다.
> 하준이는 예의가 ㉡ 바릅니다.

> ㉠은 **꼼꼼하게** 이해하기 의 ①의 뜻으로, ㉡은 ②의 뜻으로 쓰였어요.

01 빈칸에 똑같이 들어갈 낱말을 골라 색칠하세요.

• 서 있는 자세가 [   ].

바릅니다

• 서연이는 인사성이 [   ].

옳습니다

02 밑줄 그은 낱말과 뜻이 같은 낱말을 골라 선으로 이으세요.

나는 몸가짐이 <u>바릅니다</u>.

•

•   •

도로에 그려진 선이 <u>바릅니다</u>.   내 친구는 성실하고 생각이 <u>바릅니다</u>.

자연 2학년 1학기 | #야외 활동 #캠핑장에서

야외에서 안전하게 활동하려면 어떻게 해야 할까요?

야외에서
모기에 물렸을 때

물린 곳을 물로 씻고, 연고를 **바릅니다.**

꼼꼼하게 이해하기 의
③의 뜻으로 쓰였어요.

야외에서
진드기에 물렸을 때

물린 곳에 소독약을 **바르고,** 병원에 갑니다.

03 하은이는 가족들과 캠핑장에 가서 주의할 점을 읽었어요.
밑줄 그은 낱말이 보기 의 뜻으로 쓰인 문장을 모두 골라 V표를 하세요.

보기 풀이나 약, 화장품 등을 겉에 묻히다.

☐ 하나, 벌레에 물리면, 준비한 약을 <u>바릅니다.</u>

☐ 둘, 햇볕이 강한 날에는 자외선 차단제를 <u>바릅니다.</u>

☐ 셋, 놀이 기구를 탈 때, 자세가 <u>바르지</u> 않으면 다칠 수 있습니다.
따라서 올바른 자세로 놀이 기구를 이용합니다.

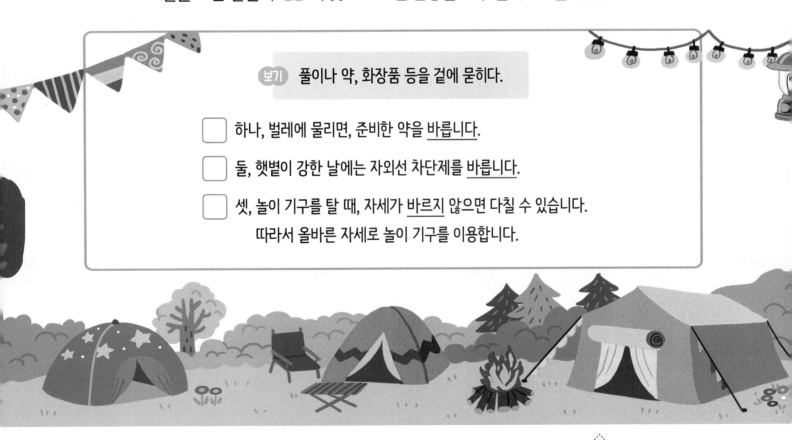

★ 공부한 날짜

월   일

나누다

국어

이야기를
나누어 봅시다.

수학

칸을
나누어 보세요.

짝꿍과 단풍잎으로
무엇을 만들지
의견을 나누어 보세요.

색깔이 노란 것과
색깔이 붉은 것으로
나눌까?

단풍잎이 알록달록 예쁘다.
먼저 단풍잎을 나누자.

앗! 단풍잎을 반으로
나누자는 말이
아니었니?

서술어를 익혀요

꼼꼼하게 이해하기

나누다

① 하나를 둘 이상으로 가르다.
  예 수박을 반으로 나누다.

② 섞여 있는 것을 기준에 따라 구분하다.
  예 연필을 긴 것과 짧은 것으로 나누다.

③ 생각이나 이야기, 인사 등을 주고받다.
  예 친구와 이야기를 나누다.

교과서에서는 다양한 뜻으로 쓰여요. 수학에서 분류하기에 대한 내용을 배울 때는 주로 ②의 뜻으로 쓰여요.

재미있게 연습하기

밑줄 그은 낱말의 뜻이 같은 것끼리 선으로 이으세요.

이웃과
인사를 <u>나누다</u>.

책을 읽은 것과
읽지 않은 것으로
<u>나누다</u>.

사과를
두 쪽으로 <u>나누다</u>.

케이크를
세 조각으로 <u>나누다</u>.

학생들을 청군과
백군으로 <u>나누다</u>.

짝꿍과 의견을 <u>나누다</u>.

교과서를 이해해요

 교과서에서 '나누다'가 어떻게 쓰이는지 살펴보고, 문제를 풀어 보세요.

국어   2학년 1학기 | #받침이 있는 낱말

낱말을 ㉠ 나누고, 낱말을 나눈 방법에 대해 이야기를 ㉡ 나누어 봅시다.

> 닭, 밥, 밖, 산
> 가족, 수건, 묶음, 넓다

> 밥, 산, 가족, 수건

> 닭, 밖, 묶음, 넓다

> ㉠과 ㉢은 **꼼꼼하게** 이해하기 의 ②의 뜻으로, ㉡은 ③의 뜻으로 쓰였어요.

> 나는 낱말의 받침이 자음자가 하나인 것과 자음자가 두 개인 것으로 ㉢ 나누었어.

---

01 밑줄 그은 낱말의 뜻으로 알맞은 것을 골라 V표를 하세요.

> 자음이 두 개인 받침은 서로 다른 자음으로 이루어진 겹받침과 같은 자음으로 이루어진 쌍받침으로 <u>나눌</u> 수 있습니다. 겹받침에는 ㄳ, ㄵ, ㄼ 등이 있고, 쌍받침에는 ㄲ, ㅆ 등이 있습니다.

☐ 섞여 있는 것을 기준에 따라 구분하다.

☐ 생각이나 이야기, 인사 등을 주고받다.

02 밑줄 그은 낱말의 뜻이 <u>다른</u> 문장을 골라 ○표를 하세요.

시를 세 부분으로 <u>나누어</u> 보자.

시를 읽고 든 생각을 <u>나누어</u> 보자.

시를 읽는 방법에 대해 이야기를 <u>나누어</u> 보자.

수학 2학년 1학기 | #분류하기

정한 기준에 맞춰 칸을 ㄱ **나누어** 보세요.

움직이는 장소	땅	물
탈것의 이름	버스, 자가용, 자전거	요트, 여객선
탈것의 수(개)	3	2

탈것을 움직이는 장소에 따라 ㄴ **나누고**, 칸을 2칸으로 ㄷ **나누었습니다.**

ㄱ과 ㄷ은 **꼼꼼하게** 이해하기 의 ①의 뜻으로, ㄴ은 ②의 뜻으로 쓰였어요.

03 오늘은 선우네 집에서 신발장을 정리하는 날이에요.
다음 내용에 알맞게 정리한 신발장의 모습을 골라 V표를 하세요.

신발을 신는 사람에 따라 엄마, 아빠, 나로 나누었어요. 그리고 신발 주인에 따라 신발장을 3칸으로 나누었어요.

익히다

국어

낱말을
익힐 수 있습니다.

세계

생선을
익혀서 먹습니다.

아빠,
무엇을 하세요?

고기를 맛있게
익히고 있단다.
조금만 기다리렴.

와. 아빠는 요리사!

요리법을 익히면
쉽게 할 수 있지.

서술어를 익혀요

꼼꼼하게 이해하기

익히다

① 자주 경험하여 그 일을 잘하게 하다.

　　예 수영하는 방법을 익히다.

② 날것에 열을 가하여 맛이나 성질을 달라지게 하다.

　　예 콩을 삶아서 익히다.

③ 김치나 장 등을 맛이 들게 하다.

　　예 장독에서 김치를 익히다.

교과서에서는 다양한 뜻으로 쓰이기 때문에 문장을 잘 읽고 뜻을 이해하는 것이 중요해요.

재미있게 연습하기

밑줄 그은 낱말의 뜻이 적힌 색연필의 색으로 색칠하세요.

김치나 장 등을
맛이 들게 하다.

자주 경험하여
그 일을 잘하게 하다.

날것에 열을 가하여
맛이나 성질을
달라지게 하다.

새우를
익히다.

피아노를
익히다.

간장을
익히다.

채소를
익히다.

교과서를 이해해요

 교과서에서 '익히다'가 어떻게 쓰이는지 살펴보고, 문제를 풀어 보세요.

국어 2학년 1학기 | #말놀이

말놀이를 하면 좋은 점을 이야기해 봅시다.

말놀이를 하면,
낱말을 자연스럽게
익힐 수 있습니다.

꼼꼼하게 이해하기 의
①의 뜻으로 쓰였어요.

재미있게 낱말을
익히며 친구들과
친해질 수 있습니다.

01 밑줄 그은 내용을 나타내는 낱말을 쓰세요.

고운말 사용을 <u>자주 경험하여 잘하게 하다.</u>

02 밑줄 그은 낱말의 뜻이 <u>다른</u> 친구를 골라 ○표를 하세요.

생선을
<u>익혀요.</u>

우리말을
<u>익혀요.</u>

체조 동작을
<u>익혀요.</u>

26

세계 2학년 1학기 | #식중독 예방 #세계의 음식

식중독에 걸리지 않으려면 어떻게 해야 할까요?

물을 끓여서 먹고,
생선과 고기를 익혀서 먹습니다.

꼼꼼하게 이해하기 의
②의 뜻으로 쓰였어요.

03 서진이는 세계의 여러 음식을 조사했어요.
조사한 내용에 들어갈 알맞은 그림을 골라 선으로 이으세요.

쿠스쿠스	피클
채소에 양념을 넣어 불에 익힙니다.	채소에 양념을 넣어 3일 동안 익힙니다.

남다

수학

펭귄 12마리가
남습니다.

마을

기억에
남습니다.

서술어를 익혀요

꼼꼼하게 이해하기

남다

① 모두 없어지지 않고 나머지가 있다.

　　예 용돈이 남다.

　　예 시험 시간이 남다.

② 기억이나 느낌 등이 잊히지 않다.

　　예 기억에 오래 남다.

교과서에서는 수학에서 뺄셈을 배울 때 주로 ①의 뜻으로 쓰여요.

재미있게 연습하기

밑줄 그은 낱말의 뜻으로 알맞은 것을 선으로 이으세요.

밥이
남았어요.

여름 방학이
이틀 남았어요.

등산한 일이
기억에 남았어요.

기억이나
느낌 등이
잊히지 않다.

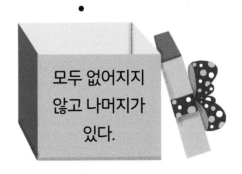

모두 없어지지
않고 나머지가
있다.

29

교과서를 이해해요

교과서에서 '남다'가 어떻게 쓰이는지 살펴보고, 문제를 풀어 보세요.

수학 2학년 1학기 | #뺄셈

펭귄 16마리 중에 4마리가 떠났어요. 펭귄은 몇 마리가 남나요?

거꾸로 세어 보면, 펭귄 12마리가 남습니다.

> **꼼꼼하게** 이해하기 의
> ①의 뜻으로 쓰였어요.

---

01 다음 그림을 보고, 문장에 들어갈 알맞은 숫자와 낱말을 골라 색칠하세요.

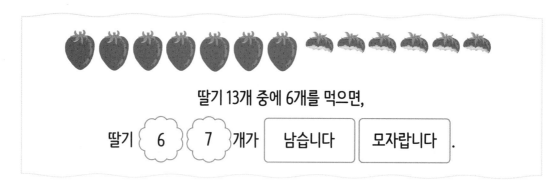

딸기 13개 중에 6개를 먹으면,

딸기 (6) (7) 개가 [남습니다] [모자랍니다].

---

02 아래 낱말 카드 중에서 알맞은 카드를 골라 문장을 완성하세요.

| 3권 | 4권 | 남습니다 | 넘습니다 |

나에게 공책 5권이 있습니다. 그 중에 2권을 친구에게 주면,

공책 [   ] 이 [   ].

마을

2학년 1학기 | #마을 조사하기

마을을 조사하며 느낀 점을 이야기 해 볼까요?

마을 소식지를
만든 일이
기억에 남습니다.

꼼꼼하게 이해하기 의
②의 뜻으로 쓰였어요.

마을 사람들의
친절한 미소가
마음에 남습니다.

03 은우가 친구와 문자 메시지를 주고 받고 있어요.
밑줄 그은 낱말의 뜻이 적힌 카드를 골라 번호를 쓰세요.

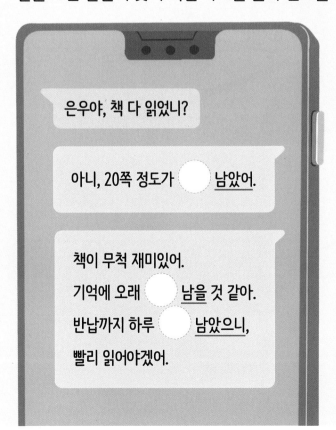

은우야, 책 다 읽었니?

아니, 20쪽 정도가 ◯ 남았어.

책이 무척 재미있어.
기억에 오래 ◯ 남을 것 같아.
반납까지 하루 ◯ 남았으니,
빨리 읽어야겠어.

1
모두 없어지지 않고
나머지가 있다.

2
기억이나 느낌 등이
잊히지 않다.

 이야기를 읽어요

아래 낱말을 찾아 ○표를 하세요.

잡다   익히다   나누다

바르다   남다

1 　옛날에 팥죽을 맛있게 만드는 할머니가 있었어요. 어느 날 호랑이가 나타나 할머니를 잡았어요. 할머니는 호랑이에게 "밤에 팥죽을 만들려고 하니, 그때 팥죽도 먹고 나도 먹으렴."이라고 말했어요. 호랑이는 그렇게 하겠다고 했지요.

2 　밤이 되자 할머니가 슬픈 얼굴로 팥을 익혔어요. 알밤, 송곳, 개똥, 맷돌이 할머니를 돕기로 하고 호랑이를 쫓아낼 방법에 대해 이야기를 나누었어요.

3 　얼마 뒤에 호랑이가 할머니 집으로 왔어요. 호랑이가 부엌에 들어가자 알밤이 호랑이의 눈을 때렸어요. 다음으로 송곳이 호랑이를 찔렀지요. 그리고 개똥이 자신을 바닥에 발라 호랑이가 넘어지게 했어요. 이제 맷돌만 ㉠ 남았어요. 맷돌은 넘어진 호랑이 위로 떨어졌지요. 다친 호랑이는 놀라서 멀리 도망갔어요.

낱말의 첫 자음자를 보고, 빈칸에 들어갈 알맞은 낱말을 쓰세요.

이야기를

ㄴ | | |

팥을

ㅇ | | |

이야기를 이해해요

01 이 글에 대한 설명이 맞으면 ○표에, 틀리면 ✕표에 색칠하세요.

❶ 호랑이가 팥죽을 잘 만드는 할머니를 잡았어요. ○ ✕

❷ 알밤, 송곳, 개똥, 호랑이가 이야기를 나누었어요. ○ ✕

❸ 알밤, 맷돌, 송곳, 개똥의 순서로 호랑이를 공격했어요. ○ ✕

02 괄호 안에 들어갈 알맞은 물건을 골라 V표를 하세요.

( )은 미끄러워서 호랑이가 넘어지게 ( )을 바닥에 발랐어요.

03 밑줄 그은 낱말이 ㉠과 다른 뜻으로 쓰인 것은 무엇인가요? ( )

❶ 밤이 되려면 아직 한참 남았어요.

❷ 팥죽 5그릇 중에 2그릇이 남았어요.

❸ 힘을 모아 호랑이를 쫓아낸 일이 기억에 남았어요.

자신 있게 사용할 수 있는 서술어에 색칠하세요.

잡다 바르다 나누다 익히다 남다

2주 뜻이 다양한 서술어 ②

다음 내용에 따라 도형에 색칠하며
공부할 준비가 되었는지 확인해요.

· 바른 자세로 앉았으면 ➡ 📖 모양에 색칠하세요.

· 주변을 깨끗하게 했으면 ➡ 💡 모양에 색칠하세요.

· 스마트폰을 멀리에 두었으면 ➡ 🗒 모양에 색칠하세요.

· 연필과 지우개를 준비했으면 ➡ ✏️ 모양에 색칠하세요.

공부 준비 패턴 만들기

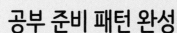

공부 준비 패턴 완성

공부를 시작해요!

이번 주에는 무엇을 배울까요?

일차	서술어	과목	쪽수
06	일어나다	국어, 나, 세계	36
07	걸리다	국어, 마을, 세계	40
08	맡다	국어, 자연	44
09	이루어지다	수학, 나	48
10	기르다	나, 자연	52
이야기를 읽어요		토끼와 자라	56

알고 있는 서술어에 색칠하세요.

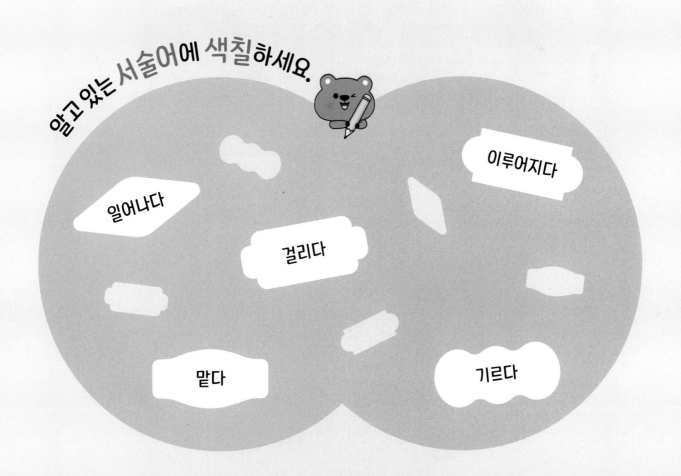

일어나다

이루어지다

걸리다

맡다

기르다

일어나다

국어	나	세계
좋은 일이 일어나면 좋겠습니다.	아침에 스스로 일어나요.	자리에서 일어나지 않아요.

내일 소풍에 가려면
일찍 자고
일찍 일어나야지.

이것만 보고
일어날게요.

그러면 내일
지각할 거야.

다음 날

지각이에요.
아빠가 말씀하신
일이 일어났어요.

서술어를 익혀요

꼼꼼하게 이해하기

일어나다

① 잠에서 깨어나다.

　예 늦잠을 자서 늦게 일어나다.

② 누웠다가 앉거나 앉았다가 서다.

　예 학생들이 모두 자리에서 일어나다.

③ 어떤 일이 생기다.

　예 자동차 사고가 일어나다.

교과서에서는 교과서뿐만 아니라 일상에서도 다양한 의미로 쓰여요. ①과 ②의 뜻이 헷갈릴 수 있으니 구분해서 써야 해요. ①의 뜻은 잠을 자다가 깰 때만 써요.

재미있게 연습하기

그림을 보고, 밑줄 그은 낱말의 뜻으로 알맞은 것을 선으로 이으세요.

다툼이 일어났어요.

발표하려고 일어났어요.

일요일에 일찍 일어났어요.

잠에서 깨어나다.

어떤 일이 생기다.

누웠다가 앉거나 앉았다가 서다.

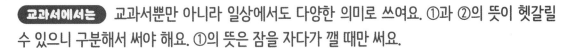

37

교과서를 이해해요

 교과서에서 '일어나다'가 어떻게 쓰이는지 살펴보고, 문제를 풀어 보세요.

국어 　2학년 1학기 | #분위기에 알맞게 읽기

오늘 자신에게 일어났으면 하는 일을 말해 봅시다.

우리 팀이 경기에서
이기는 일이 일어나면
좋겠습니다.

> **꼼꼼하게** 이해하기 의
> ③의 뜻으로 쓰였어요.

나 　2학년 1학기 | #나의 모습

나의 멋진 모습을 찾아볼까요?

나는 아침에
스스로 ㉠ 일어나요.

나는 넘어져도
울지 않고 ㉡ 일어나요.

> ㉠은 **꼼꼼하게** 이해하기 의
> ①의 뜻으로, ㉡은 ②의 뜻으로
> 쓰였어요.

세계 　2학년 1학기 | #안전 #비행기

비행기를 안전하게 이용하는 방법을 알아볼까요?

비행기가 뜰 때는
자리에서 일어나지 않아요.

> **꼼꼼하게** 이해하기 의
> ②의 뜻으로 쓰였어요.

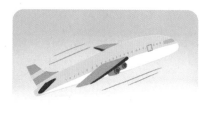

01

밑줄 그은 낱말이 아래의
뜻으로 쓰인 것을 모두 골라
V표를 하세요.

어떤 일이 생기다.

☐ 의자에서 <u>일어났어요</u>.

☐ 재미있는 일이 <u>일어났어요</u>.

☐ 거리에서 사고가 <u>일어났어요</u>.

02

아래의 뜻으로 쓰인 낱말을
골라 색칠하세요.

> 잠에서 깨어나다.

친구의 멋진 모습

· 서준이는 일찍 [일어나] 운동해요.
· 윤아는 자리에서 [일어나] 반갑게 인사해요.
· 지민이는 친구에게 문제가 [일어나면] 도와줘요.

03

밑줄 그은 낱말의
뜻으로 알맞은 것을 골라
◯표를 하세요.

버스가 멈추기 전에 <u>일어나면</u> 위험해요.

잠에서
깨어나다.

누웠다가 앉거나
앉았다가 서다.

걸리다

국어

구름이 뒷산 마루에
걸려 있습니다.

마을

마을을 둘러보는 데
한 시간이 걸려요.

세계

감염병에
걸려요.

맛있겠다.
얼른 먹어야지.

괜찮아.

손을 씻고 먹어야 해.
그렇지 않으면
병에 걸려.

다음 날

배탈이
났어.

손을 잘 씻어야지.
손은 금방 씻지만,
병이 나으려면
며칠이 걸린다고.

서술어를 익혀요

꼼꼼하게 이해하기

걸리다

① 병이 들다.

　⑩ 날씨가 추워서 독감에 걸리다.

② 무엇을 하는 데 시간이 들다.

　⑩ 음식을 하는 데 오래 걸리다.

③ 해, 달, 구름 등이 떠 있다.

　⑩ 해가 하늘의 한가운데에 걸렸다.

교과서에서는 다양한 뜻으로 쓰여요. ①의 뜻이면 병의 이름과 함께 쓰이고 ②의 뜻이면 앞에 시간을 나타내는 표현이 나와요. ③의 뜻으로는 동시나 동화에서 많이 쓰여요.

재미있게 연습하기

빈칸에 들어갈 수 있는 낱말이 적힌 빵을 골라 번호를 쓰세요.

심한 (　　　)에 걸렸어요.

(　　　)이 뒷산에 걸렸어요.

책을 다 읽는 데 (　　　)이 걸렸어요.

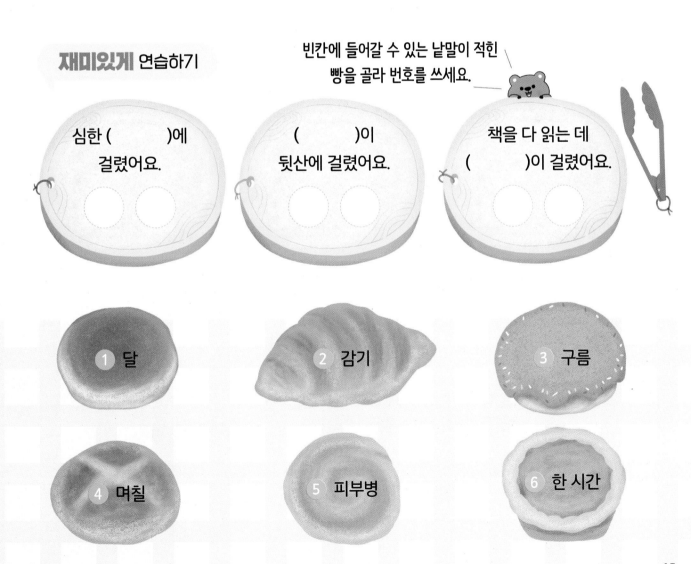

① 달

② 감기

③ 구름

④ 며칠

⑤ 피부병

⑥ 한 시간

교과서를 이해해요

 교과서에서 '걸리다'가 어떻게 쓰이는지 살펴보고, 문제를 풀어 보세요.

국어   2학년 1학기 | #분위기 살려 읽기 #토박이말

다음 그림을 보고, 토박이말에 대해 알아봅시다.
→ 우리말에 원래 있었던 말이나 그것을 활용해 새로 만든 말.

구름이 뒷산 마루에 **걸려** 있습니다.
→ 산이나 고개의 꼭대기를 부르는 토박이말.

꼼꼼하게 이해하기 의 ③의 뜻으로 쓰였어요.

마을   2학년 1학기 | #우리 마을 여행

우리 마을 여행길을 만들어 볼까요?

우리 마을을 둘러보는 데 한 시간이 **걸려요**.

꼼꼼하게 이해하기 의 ②의 뜻으로 쓰였어요.

세계   2학년 1학기 | #감염병

감염병에 **걸리는** 과정에 대해 알아봅시다.

건강한 사람은 감염병에 **걸리지** 않지만, 건강하지 못한 사람은 감염병에 **걸려요**.

꼼꼼하게 이해하기 의 ①의 뜻으로 쓰였어요.

01

다음 그림을 보고, 문장에
들어갈 알맞은 낱말을
골라 색칠하세요.

나무 사이에 달이 ⌈ 걸려 ⌉ ⌈ 가려져 ⌉ 있습니다.

02

문장의 밑줄 그은 낱말과
뜻이 같은 것을 골라
○표를 하세요.

마을 공원까지 20분이 <u>걸려요</u>.

밤에는 지붕 위에
달이 <u>걸려요</u>.

소포가 도착하려면
이틀이 <u>걸려요</u>.

03

밑줄 그은 낱말 중에서
뜻이 <u>다른</u> 낱말을 골라
○표를 하세요.

세계 많은 사람이 감염병에 <u>걸렸습니다</u>.
감염병이 나으려면 일주일 정도가 <u>걸립니다</u>.
다른 나라를 여행할 때는 감염병에
<u>걸리지</u> 않게 조심해야 합니다.

맡다

역할을
맡았습니다.

자연의 냄새를
맡아요.

저 강아지는
가방의 냄새를
맡고 있어.

냄새로 가방에
나쁜 물건이 있는지
살피는 거야.

너의 반려견은
간식을 찾는 일을
맡았니?

앗! 그건 내 거야.

중요한 일을
맡고 있네.

서술어를 익혀요

꼼꼼하게 이해하기

맡다

① 어떤 일을 책임지고 하다.

  ㉠ 모둠에서 발표를 맡다.

② 코로 냄새를 느끼다.

  ㉠ 킁킁거리며 냄새를 맡다.

교과서에서는 다양한 뜻으로 쓰여요. ①의 뜻으로 쓰일 때는 주로 책임지고 하는 일에 대한 내용이 앞에 나와요.

재미있게 연습하기

알맞은 낱말 조각의 번호를 써넣어 문장을 완성하세요.

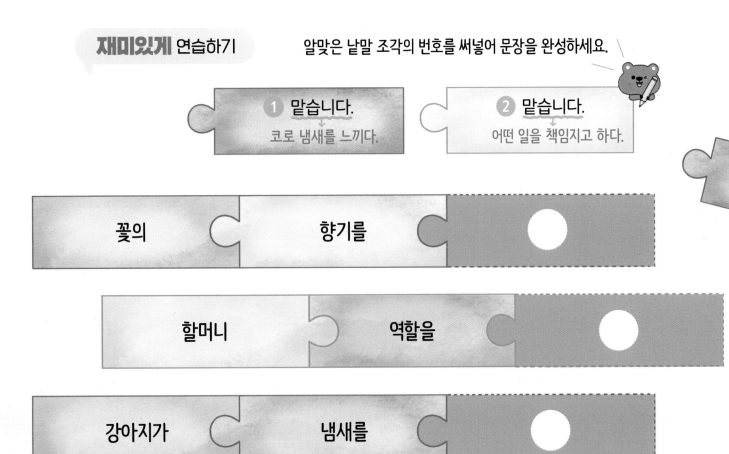

1 맡습니다.
코로 냄새를 느끼다.

2 맡습니다.
어떤 일을 책임지고 하다.

꽃의	향기를	○
할머니	역할을	○
강아지가	냄새를	○
청소하는	일을	○

🦊 교과서에서 '맡다'가 어떻게 쓰이는지 살펴보고, 문제를 풀어 보세요.

국어 2학년 1학기 | #고운 말 사용하기 #역할놀이

고운 말을 사용해 역할놀이를 해 봅시다.

친구를 도와주는
모습을 역할놀이로
나타내 보자.

나는 도움을
받는 친구
역할을 <u>맡을게.</u>

꼼꼼하게 이해하기 의
①의 뜻으로 쓰였어요.

01 밑줄 그은 내용과 바꾸어 쓸 수 있는 낱말을 골라 색칠하세요.

우리 반에서 토끼와 거북이 이야기를 역할놀이로 나타냈어요. 나는 토끼 역할을
<u>책임지고</u> 했어요. 친구는 거북이 역할을 <u>책임지고</u> 했어요.

맡았어요

정했어요

02 밑줄 그은 낱말 중에서 뜻이 <u>다른</u> 것을 골라 ○표를 하세요.

음식 냄새를
가까이에서 <u>맡았어요.</u>

운동회에서 달리기
선수를 <u>맡았어요.</u>

내가 그릇을 정리하는
일을 <u>맡았어요.</u>

자연 2학년 1학기 | #자연 느끼기

다양한 방법으로 자연을 느껴 볼까요?

냄새를 맡으며
자연을 느낄 수
있어요.

나는 흙 냄새를
맡고 싶어요.

꼼꼼하게 이해하기 의
②의 뜻으로 쓰였어요.

03 민준이는 숲 체험을 안내하는 내용을 찾았어요.
다음 도움말을 보고, 낱말의 뜻에 따라 알맞은 표시를 하세요.

도움말

'맡다'의 뜻이 '코로 냄새를 느끼다.'이면 △ 표시를, '어떤 일을 책임지고 하다.'이면
○ 표시를 하세요.

❶ 숲에서 꽃, 흙, 나무 등의 냄새를 맡아요 .
❷ 안전 요원은 안전을 지키는 일을 맡고 있어요.
❸ 체험 활동 중에 이상한 냄새를 맡으면 안전 요원에게 말해요.
❹ 숲을 체험하며 자연의 소중함을 알고, 자연 지킴이 역할을 맡아 보세요.

이루어지다

수학

삼각형은 곧은 선 3개로
이루어졌습니다.

나

내 꿈이
이루어지면 좋겠어요.

이 인형을
너에게 줄게.

고마워.
나의 소원이
이루어졌어.

소원이라고?

내가 가지고 싶던 블록이
이 인형들로 이루어졌거든.
드디어 인형을
모두 모았어.

서술어를 익혀요

꼼꼼하게 이해하기

이루어지다

① 바라는 대로 되다.

　예 일이 뜻대로 이루어지다.

② 몇 가지가 모여 성질이나 모양이 만들어지다.

　예 개미는 머리, 가슴, 배로 이루어졌다.

교과서에서는 수학에서 여러 가지 도형의 성질을 배울 때 ②의 뜻으로 주로 쓰여요.

재미있게 연습하기

밑줄 그은 낱말의 뜻으로
알맞은 것을 선으로 이으세요.

마침내 꿈이
이루어졌어요.

나의 소망이
이루어졌어요.

그 팀은
훌륭한 선수들로
이루어졌어요.

기차는
여러 칸으로
이루어졌어요.

바라는 대로 되다.

몇 가지가 모여
성질이나 모양이 만들어지다.

교과서를 이해해요

 교과서에서 '이루어지다'가 어떻게 쓰이는지 살펴보고, 문제를 풀어 보세요.

수학 2학년 1학기 | #여러 가지 도형

삼각형을 알아봅시다.

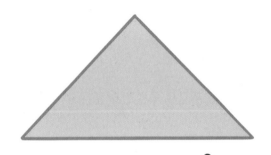

삼각형은 곧은 선
3개로 이루어졌습니다.

꼼꼼하게 이해하기 의
②의 뜻으로 쓰였어요.

01 다음 설명을 보고, 알맞은 도형을 골라 ○표를 하세요.

이 도형은 곧은 선 4개로
이루어졌습니다.

02 칠교 조각으로 만든 집 모양을 보고, 알맞은 낱말을 골라 색칠하세요.

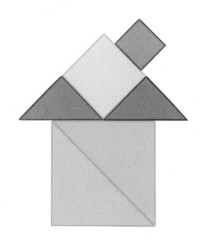

집 모양은 삼각형 2 3 4 개와
사각형 2 3 4 개로
흩어져 이루어져 있습니다.

50

나 2학년 1학기 | #어른이 된다면 #나의 꿈

어른이 된 나의 모습을 상상해 볼까요?

우리나라를 대표하는 축구 선수가 되어서
멋진 경기를 하고 싶어요.
내 꿈이 **이루어지면** 좋겠어요.

꼼꼼하게 이해하기 의
①의 뜻으로 쓰였어요.

03 친구들이 자기를 소개하는 내용을 쪽지에 썼어요.
밑줄 그은 낱말의 뜻으로 알맞은 것을 선으로 이으세요.

내 꿈은 과학자입니다. 꿈이 **이루어질**
수 있도록 책을 열심히 읽습니다.

바라는 대로
되다.

내 성격은 긍정적입니다. 바라는 것이
이루어지지 않아도 실망하지 않습니다.

몇 가지가 모여
성질이나 모양이
만들어지다.

내 취미는 축구입니다. 내가 활동하는
마을 축구팀은 또래 친구들로 **이루어져**
있습니다.

기르다

나

좋은 습관을
길러요.

자연

식물을
길러요.

나도 앵무새를
기르고 싶어요.

그렇다면 먼저
일찍 일어나는
습관을 길러야 해.

왜요?

학교 가기 전에
앵무새에게 밥을 주고,
앵무새의 집도
치워 줘야 하거든.

앵무새는
영상으로 보는 것이
더 좋겠어요.

서술어를 익혀요

꼼꼼하게 이해하기

기르다

① 동물이나 식물을 보살펴 자라게 하다.

　　예 금붕어를 기르다.

② 습관을 몸에 익숙하게 하다.

　　예 운동하는 습관을 기르다.

③ 머리카락이나 수염 등을 깎지 않고 자라도록 하다.

　　예 손톱을 기르다.

교과서에서는 앞에 나오는 낱말에 따라 뜻이 달라져요. ①번의 뜻이면 동물이나 식물을 나타내는 낱말이 함께 쓰이고, ③번의 뜻이면 몸의 일부를 나타내는 낱말이 함께 쓰여요.

재미있게 연습하기

밑줄 그은 낱말의 뜻이 같은 것끼리 선으로 이으세요.

| 고양이를 <u>기르다</u>. | · | · | 수염을 <u>기르다</u>. |

| 머리카락을 <u>기르다</u>. | · | · | 선인장을 <u>기르다</u>. |

| 일기 쓰는 습관을 <u>기르다</u>. | · | · | 정리하는 버릇을 <u>기르다</u>. |

교과서를 이해해요

 교과서에서 '기르다'가 어떻게 쓰이는지 살펴보고, 문제를 풀어 보세요.

나   2학년 1학기 | #좋은 습관 나쁜 습관

내가 가진 좋은 습관을 알아볼까요?

> 나는 건강해지려고
> 매일 운동해요.

> 좋은 습관이에요.
> 좋은 습관은 기르고.
> 나쁜 습관은 버려야 해요.

> **꼼꼼하게** 이해하기 의
> ②의 뜻으로 쓰였어요.

01 정아가 새해에 하고 싶은 일을 정리했어요.
밑줄 그은 낱말의 뜻이 적힌 카드를 골라 번호를 쓰세요.

1
습관을 몸에
익숙하게 하다.

2
동물이나 식물을
보살펴 자라게 하다.

3
머리카락이나 수염 등을
깎지 않고 자라도록 하다.

하나, 사슴벌레를 ⬭ <u>기르고</u> 싶어요.

둘, 저금하는 습관을 ⬭ <u>기르고</u> 싶어요.

셋, 머리카락을 허리까지 ⬭ <u>기르고</u> 싶어요.

넷, 밥 먹고 양치하는 습관을 ⬭ <u>기르고</u> 싶어요.

자연 2학년 1학기 | #식물 기르기

식물을 심고 소중하게 보살피며 길러 볼까요?

집에서 식물을 길러요.
나는 방울토마토를
기르고 있어요.

꼼꼼하게 이해하기 의
①의 뜻으로 쓰였어요.

02 밑줄 그은 낱말의 뜻이 <u>다른</u> 것을 골라 ○표를 하세요.

토끼를
<u>길러요</u>.

책 읽는
습관을 <u>길러요</u>.

마당에서
해바라기를 <u>길러요</u>.

03 밑줄 그은 낱말과 같은 뜻의 낱말을 사용한 친구를 골라 V표를 하세요.

햇볕이 잘 드는 곳에서 식물을 <u>길러요</u>.

반려 동물을
입양해 <u>길러요</u>.

꽃에 물을 주는
습관을 <u>길러요</u>.

 아래 낱말을 찾아 ○표를 하세요.

걸리다   기르다   맡다

이루어지다   일어나다

1 　옛날에 용왕님이 큰 병에 걸렸어요. 병이 나으려면 토끼의 간을 먹어야 했지만, 바닷속에서는 토끼를 기를 수 없었어요. 그래서 땅 위에서도 살 수 있는 자라가 토끼를 데려오는 일을 맡았지요. 자라는 토끼를 꼭 찾고 싶었어요.

2 　땅 위로 올라간 자라는 토끼를 찾았어요. 자라는 '나의 소원이 ㉠ 이루어졌어.' 라고 생각했어요. 자라는 토끼를 속여 바닷속으로 데려갔어요. 용왕님은 토끼를 보자, 자리에서 일어나 간을 달라고 했지요. 위험에 처한 토끼는 간을 집에 두고 왔다고 말했어요. 자라는 토끼와 함께 간을 가지러 다시 땅 위로 갔어요.

3 　토끼는 땅 위에 도착하자마자 깡충깡충 뛰어 도망갔어요. 걸음이 느린 자라는 도망가는 토끼를 따라갈 수 없었지요.

낱말의 첫 자음자를 보고, 빈칸에 들어갈 알맞은 낱말을 쓰세요.

일을 　ㅁ | | | .

병에 　ㄱ | | | .

이야기를 이해해요

오늘 공부 끝! 조각을 잘라 111쪽에 붙이세요.

01
이 글에서 일이 일어난 순서대로
빈칸에 번호를 쓰세요.

☐ 토끼가 용왕님을 속였어요.

☐ 용왕님이 큰 병에 걸렸어요.

☐ 땅 위에 도착한 토끼가
도망을 갔어요.

02
자라에 대한 설명으로 알맞지
<u>않은</u> 것은 무엇인가요? (　　　)

❶ 토끼보다 걸음이 빨랐어요.

❷ 바다와 땅에서 모두 살 수 있었어요.

❸ 용왕님을 위해 토끼를 데려오는 역할을
맡았어요.

03
㉠과 같은 뜻의 낱말을 사용한 친구의 이름을 쓰세요. (　　　)

내 생일에
바라는 일이
이루어졌어요.

우리 반은
20명으로
이루어졌어요.

해인　　　　　　　　　　　　　　　서준

자신 있게 사용할 수 있는 서술어에 색칠하세요.

일어나다　　　걸리다　　　맡다　　　이루어지다　　　기르다

57

3주 헷갈리는 서술어

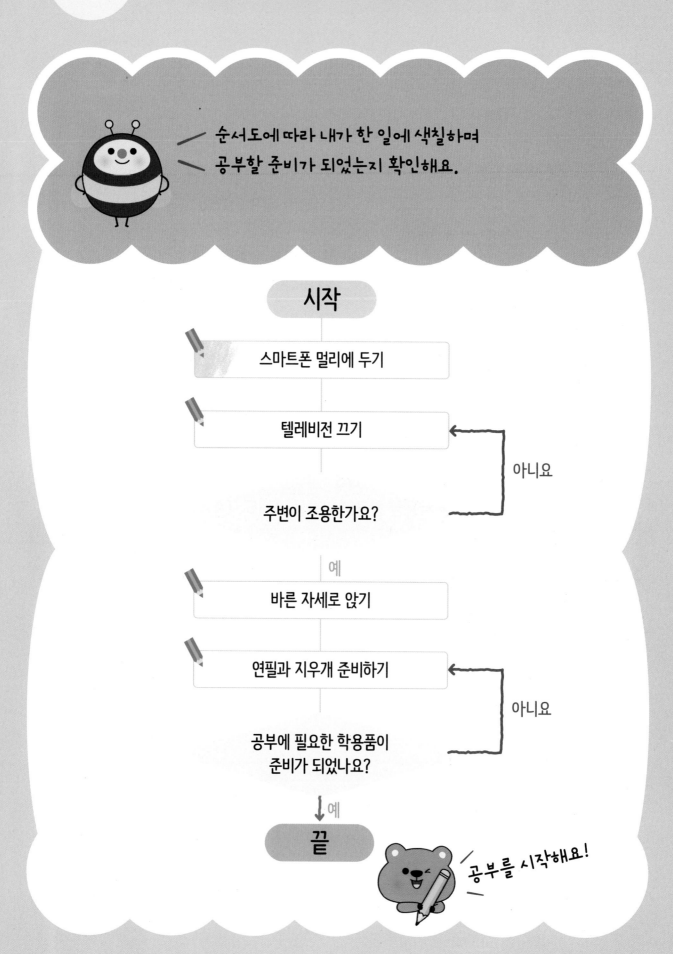

순서도에 따라 내가 한 일에 색칠하며
공부할 준비가 되었는지 확인해요.

시작

스마트폰 멀리에 두기

텔레비전 끄기

아니요

주변이 조용한가요?

예

바른 자세로 앉기

연필과 지우개 준비하기

아니요

공부에 필요한 학용품이
준비가 되었나요?

예

끝

공부를 시작해요!

이번 주에는 무엇을 배울까요?

일차	서술어	과목	쪽수
11	맞히다 / 맞추다	국어, 수학	60
12	짐작하다 / 어림하다	국어, 수학	64
13	잊어버리다 / 잃어버리다	국어, 마을	68
14	붙이다 / 부치다	수학, 나	72
15	매다 / 메다	세계, 마을	76
이야기를 읽어요		헨젤과 그레텔	80

알고 있는 서술어에 색칠하세요.

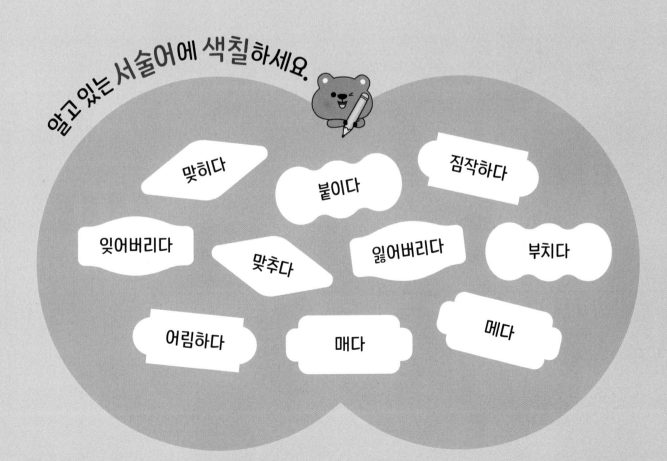

맞히다

붙이다

짐작하다

잊어버리다

맞추다

잃어버리다

부치다

어림하다

매다

메다

맞히다 / 맞추다

국어

친구를 공으로
맞혔어요.

수학

연필을 자의 눈금에
맞춥니다.

블록을 던져서 세워 둔
블록을 맞혀 보자.

좋아. 내가 블록을
세울게.

블록들을 선에
맞춰야지.

비뚤
배뚤

서술어를 익혀요

꼼꼼하게 이해하기

맞히다
물체를 쏘거나 던져서 어떤 물체에 닿게 하다.
(예) 공을 골대에 맞히다.

맞추다
어떤 기준이나 정도에 어긋나지 않게 하다.
(예) 음식을 입맛에 맞추다.

교과서에서는 '맞히다'와 '맞추다'는 '~을/를 ~에/에게'와 같은 형태로 자주 쓰기 때문에 헷갈리기 쉬워요. 눈에 보이는 어떤 물체가 다른 물체에 가서 닿게 할 경우에는 '맞히다'를 써요.

재미있게 연습하기
괄호 안에 들어갈 알맞은 글자를 골라 ○표를 하세요.

약속 시간에 맞(히, 추)다.

화살을 과녁에 맞(히, 추)다.

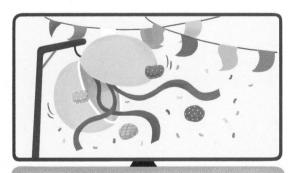

콩 주머니를 박에 맞(히, 추)다.

춤 동작을 노래에 맞(히, 추)다.

교과서를 이해해요

교과서에서 '맞히다'와 '맞추다'가 어떻게 쓰이는지 살펴보고, 문제를 풀어 보세요.

국어 2학년 1학기 | #경험 발표하기

자신의 경험을 친구들 앞에서 발표해 봅시다.

공놀이를 하다가 친구를 공으로 맞혔어요. 나는 친구에게 바로 사과하고 다친 곳이 없는지 물었어요.

01 밑줄 그은 낱말이 맞으면 ○표에, 틀리면 ✕표에 표시하세요.

공놀이를 하다가 화분을 공으로 <u>맞췄어요</u>. ○ ✕

02 문장에 알맞은 낱말을 골라 색칠하세요.

❶ 눈덩이를 친구의 어깨에 [맞혔어요] [맞췄어요].

❷ 일찍 일어나려고 알람을 7시에 [맞혔어요] [맞췄어요].

❸ 합격 기준에 [맞혀야] [맞춰야] 검은 색 띠를 받을 수 있어요.

수학 2학년 1학기 | #길이 재기

자로 길이를 재어 봅시다.

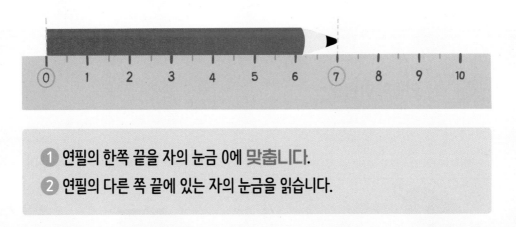

❶ 연필의 한쪽 끝을 자의 눈금 0에 **맞춥니다.**
❷ 연필의 다른 쪽 끝에 있는 자의 눈금을 읽습니다.

---

03 윤아가 엄마와 쿠키를 만들려고 요리법을 보고 있어요.
문장에 알맞은 낱말을 골라 V표를 하세요.

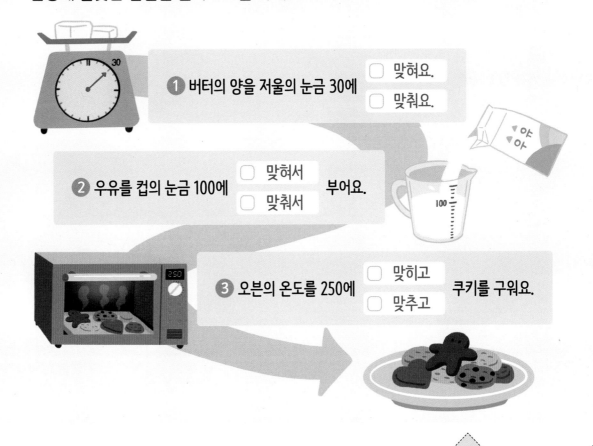

❶ 버터의 양을 저울의 눈금 30에
☐ 맞혀요.
☐ 맞춰요.

❷ 우유를 컵의 눈금 100에
☐ 맞혀서
☐ 맞춰서
부어요.

❸ 오븐의 온도를 250에
☐ 맞히고
☐ 맞추고
쿠키를 구워요.

짐작하다 / 어림하다

국어

인물의 마음을
짐작해요.

수학

손가락으로
길이를 어림했습니다.

몽이 크기를
어림하면, 이 정도가
맞을 거야.

예쁜 옷이 많다.
몽이가 입을 옷을
사야지.

잠시 후

옷이 작네!

몽이의 표정을 보니
기분을 짐작할 수
있겠다.

서술어를 익혀요

꼼꼼하게 이해하기

짐작하다
사정이나 형편을 대강 헤아리다.
(예) 얼마나 힘든지 짐작하다.

어림하다
대강 짐작으로 헤아리다.
(예) 운동장의 길이를 걸음으로 어림하다.

생각   1, 2, 3

짐작하다   어림하다

교과서에서는 '짐작하다'는 주로 내용이나 생각 등을 헤아릴 때 쓰기 때문에 국어에서 자주 쓰고, '어림하다'는 주로 수, 길이, 넓이 등을 헤아릴 때 쓰기 때문에 수학에서 자주 써요.

재미있게 연습하기
그림을 보고, 문장에 더 어울리는 낱말을 골라 색칠하세요.

수첩의 길이를   짐작하다   어림하다 .

친구의 기분을   짐작하다   어림하다 .

동화책의 내용을   짐작하다   어림하다 .

모인 사람의 수를   짐작하다   어림하다 .

교과서를 이해해요

교과서에서 '짐작하다'와 '어림하다'가 어떻게 쓰이는지 살펴보고, 문제를 풀어 보세요.

국어　2학년 1학기 | #인물의 마음 짐작하기

인물의 마음을 짐작하는 방법을 말해 봅시다.

> 인물이 하는 말을
> 살펴보며 마음을 짐작해요.

> 내가 겪은 일과 관련지어
> 생각하면 인물의 마음을
> 짐작할 수 있어요.

01　문장에 더 어울리는 낱말을 골라 V표를 하세요.

책의 제목을 보고 책의 내용을 [ ] 짐작할 / [ ] 어림할 수 있어요.

02　밑줄 그은 내용에 대한 설명으로 알맞은 것을 선으로 이으세요.

<u>등장인물의 마음을 짐작하며</u> 글을 읽어요.

ㆍ

　　　　ㆍ　　　　　　　　　　ㆍ

등장인물의 마음을
대강 헤아려요.

등장인물의 마음을
정확하게 알아봐요.

수학 2학년 1학기 | #길이 재기

길이를 어림하고 어떻게 어림했는지 이야기해 보세요.

> 책상의 길이를 어림하면,
> 약 50cm입니다.
> 내 손가락이 약 4cm여서,
> 손가락으로 길이를 어림했습니다.

03 지원이가 동화책을 읽고 있어요.
괄호 안에서 더 어울리는 낱말을 골라 ○표를 하세요.

달팽이는 비버의 표정을 보고 고민이 있다고 ❶ (짐작했어요, 어림했어요).
비버가 말했어요. "집을 지으려면 내 꼬리 길이 정도의 나뭇가지가 필요해."
달팽이는 "네 꼬리로 나뭇가지의 길이를 ❷ (짐작해서, 어림해서) 비교해 봐."
라고 말했어요.

잊어버리다 / 잃어버리다

국어

약속을
잊어버렸어요.

마을

길을
잃어버렸어요.

내가 아끼는
머리핀을
잃어버렸어.

여기에 둔 것 같은데
어디에 있지?

어디에 두었는지
잊어버렸니?

나는 머리핀이 어디에
있는지 알겠는 걸.

서술어를 익혀요

꼼꼼하게 이해하기

잊어버리다
① 알았던 것을 기억해 내지 못하다.
② 기억해야 할 것을 생각해 내지 못하다.

잃어버리다
① 가졌던 물건이 없어지다.
② 길을 찾지 못하다.

교과서에서는 교과서뿐만 아니라 일상에서도 자주 헷갈리는 서술어예요. '잊어버리다'는 주로 머릿속에 있는 기억, 지식, 생각 등과 함께 쓰이고, '잃어버리다'는 주로 물건과 함께 쓰여요.

재미있게 연습하기
빈칸에 들어갈 알맞은 글자를 따라가며 길을 찾으세요.

출발

산에서 길을 ◯어버렸어요.

공부한 내용을 ◯어버렸어요.

현관 비밀번호를 ◯어버렸어요.

놀이터에서 시계를 ◯어버렸어요.

도착

잃 잃 잊 잊 잃 잊 잃 잊

69

교과서를 이해해요

 교과서에서 '잊어버리다'와 '잃어버리다'가 어떻게 쓰이는지 살펴보고, 문제를 풀어 보세요.

국어 2학년 1학기 | #겪은 일 나타내기

자신이 겪은 일 가운데 글감을 골라 내용을 정리해 보세요.

언제 있었던 일인가요?	어제 있었던 일이에요.
누구와 있었던 일이에요?	친구와 있었던 일이에요.
무슨 일이 있었어요?	내가 친구와 한 약속을 잊어버렸어요. 그래서 친구에게 사과를 했어요.

01 지호는 일기를 쓰고, 일기 내용에 맞게 그림을 그리려고 해요.
밑줄 그은 내용에 알맞은 그림을 골라 V표를 하세요.

> 학교에서 집으로 가려는데 비가 내렸다.
> <u>나는 아침에 우산을 가져오는 것을 깜빡 잊어버렸다.</u>
> 내 친구 해인이가 우산을 함께 쓰자고 했다. 나는 해인이에게 무척 고마웠다.

☐    ☐

마을 2학년 1학기 | #길을 잃었을 때

길을 잃었을 때 어떻게 해야 할까요?

> 길을 잃어버린
> 경험이 있나요?

> 백화점에서
> 길을 잃어버렸습니다.

02 빈칸에 들어갈 알맞은 낱말을 골라 색칠하세요.

> 길을 [   ], 그 자리에 멈추어 서요.
>
> 그리고 경찰이나 안내 요원에게 도움을 요청해요.

잊어버리면

잃어버리면

03 밑줄 그은 낱말의 뜻으로 알맞은 것을 골라 ○표를 하세요.

> 당황하면 부모님 전화번호를 <u>잊어버릴</u> 수 있어요. 그래서 평소에 부모님 전화번호를
> 외우는 연습을 해야 해요.

가졌던 물건이
없어지다.

알았던 것을
기억해 내지 못하다.

붙이다 / 부치다

수학

자른 끈을 책상에
붙였어요.

나

편지를
부쳐요.

서술어를 익혀요

꼼꼼하게 이해하기

붙이다
① 서로 맞닿아 떨어지지 않게 하다.
　예 벽에 메모지를 붙이다.
② 물건과 물건 또는 사람을 서로 가깝게 하다.

부치다
편지나 물건 등을 보내다.
예 외국으로 선물을 부치다.

붙이다

부치다

> **교과서에서는** 두 낱말은 발음은 같지만 모양과 뜻이 달라 헷갈려요. '붙이다'를 소리나는 대로 쓰지 않게 주의해야 해요.

재미있게 연습하기

괄호 안에 들어갈 알맞은 낱말을 선으로 이으세요.

우편으로 소포를
(　　　).

붙이다

공책에 붙임딱지를
(　　　).

부치다

상처에 반창고를
(　　　).

친구에게 편지를
(　　　).

교과서를 이해해요

 교과서에서 '붙이다'와 '부치다'가 어떻게 쓰이는지 살펴보고, 문제를 풀어 보세요.

수학 2학년 1학기 | #길이 재기

끈을 잘라 친구와 비교해 보세요.

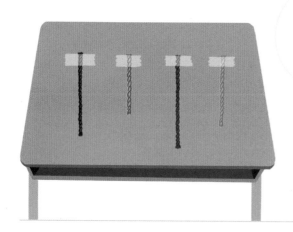

> 한 사람씩 끈을 3뼘만큼 잘랐어요.
> 그리고 자른 끈들을 책상에 붙였어요.
> 이렇게 하면 자른 끈의 길이를 비교할 수 있어요.

01 밑줄 그은 내용을 표현한 그림으로 알맞은 것을 골라 V표를 하세요.

물건을 이어 붙여서 줄과 비슷한 길이를 만듭니다.

02 빈칸에 들어갈 알맞은 낱말을 골라 색칠하세요.

길이가 눈금 사이에 있으면, 눈금과 가까운 쪽에 있는

숫자를 읽고 숫자 앞에 '약'을 [   ] 씁니다.

부쳐

붙여

2학년 1학기 | #나에게 편지 쓰기

12월의 나에게 편지를 써 볼까요?

> 나에게 편지를 쓰고, 예쁘게 꾸며요.
> 봉투에 우표를 붙이고,
> 우체통에 넣어서 편지를 부쳐요.

03 토끼가 친구에게 선물을 보내려고 해요.
다음 그림을 보고, 알맞은 낱말을 골라 ○표를 하세요.

1 상자가 열리지 않게 투명 테이프를
| 붙였어요 | 부쳤어요 | .

숲속 마을 시냇물 옆
사슴 에게

2 상자에 주소가 적힌 종이를
| 붙였어요 | 부쳤어요 | .

우 체 국

3 우체국에 가서 선물을
| 붙였어요 | 부쳤어요 | .

15
일차

★ 공부한 날짜
월 일

매다 / 메다

세계

안전띠를
매요.

마을

가방을 바르게
메요.

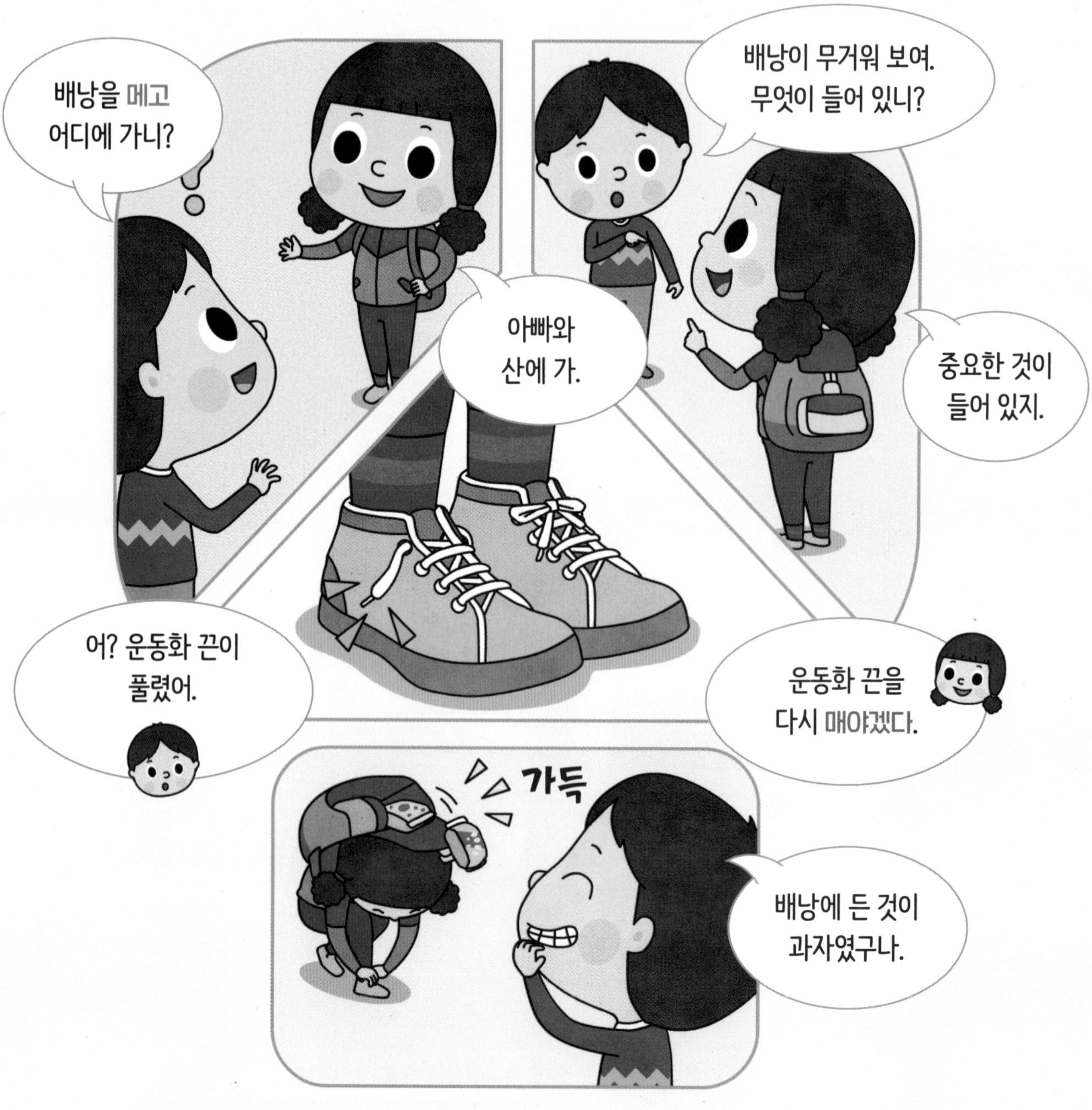

꼼꼼하게 이해하기

매다
끈이나 줄을 묶어 풀어지지 않게 하다.
예 목도리를 매다, 리본을 매다.

메다
물건을 어깨에 걸치거나 올려놓다.
예 어깨에 멜빵을 메다.

교과서에서는 두 낱말은 모양이 비슷해서 헷갈리므로 뜻에 따라 구분해서 써야 해요.

재미있게 연습하기

괄호에 들어갈 알맞은 낱말과 연결된 선을 따라서 그으세요.

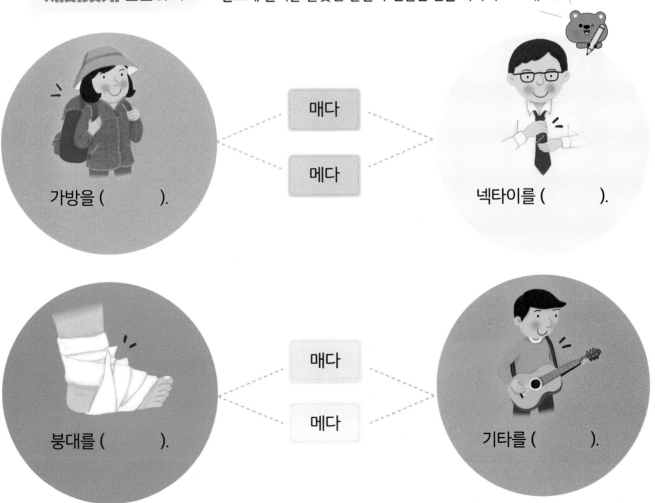

가방을 ( ).

매다

메다

넥타이를 ( ).

붕대를 ( ).

매다

메다

기타를 ( ).

교과서를 이해해요

 교과서에서 '매다'와 '메다'가 어떻게 쓰이는지 살펴보고, 문제를 풀어 보세요.

 세계 2학년 1학기 | #비행기를 탈 때

비행기를 안전하게 이용하는 방법을 알아볼까요?

자리에서는
안전띠를 매요.

01 밑줄 그은 낱말이 맞으면 ○표에, 틀리면 ✕표에 표시하세요.

구명조끼를 입고, 끈을 당겨서 단단히 <u>메요</u>.　　○　✕

02 빈칸에 들어갈 알맞은 낱말을 골라 ○표를 하세요.

태풍이 오면 바람이 세져서
배가 떠내려갈 수도 있습니다.
그러므로 밧줄로 배를
　　　　　　　놓아야 합니다.

 매어

 메어

마을 2학년 1학기 | #마을 시설 #안전

마을 시설을 안전하게 이용해 볼까요?

다른 사람과
부딪히지 않게
가방을 바르게 메요.

03 윤서의 모둠에서 안전 카드를 만들려고 해요.
문장에 알맞은 낱말을 골라 색칠하세요.

버스를 탈 때	자전거를 탈 때

❶ 사람이 많으면 가방을 앞으로
매요 메요 .

❷ 안전 모자가 벗겨지지 않게
끈을 잘 매요 메요 .

 아래 낱말을 찾아 ◯표를 하세요.

| 잃어버리다 | 붙이다 |
| 맞추다 | 짐작하다 | 메다 |

1   헨젤과 그레텔이라는 오누이가 산속에서 길을 잃어버렸어요. 오누이는 산속을 헤매다가 과자로 만든 집을 발견했어요. 두 사람은 배가 고파서 과자를 먹었어요. 그때 집에 과자를 붙이고 있던 무서운 할머니가 오누이를 잡았어요.

2   할머니는 헨젤을 가두고, 그레텔에게는 집안일을 시켰어요. 어느 날 할머니는 그레텔에게 오븐 안에 들어가 오븐의 온도를 ㉠맞추도록 했어요. 그레텔은 할머니의 생각을 짐작했어요. 그리고 오븐에 들어가면 위험하다고 생각했어요.

3   헨젤과 그레텔은 꾀를 내어 그레텔 대신 할머니가 오븐에 들어가게 했어요. 할머니를 오븐에 가둔 오누이는 집에 있던 보석을 보자기에 담아 어깨에 메고 도망쳤어요. 얼마 뒤에 헨젤과 그레텔은 보석을 가지고 집으로 돌아갔지요.

낱말의 첫 자음자를 보고, 빈칸에 들어갈 알맞은 낱말을 쓰세요.

길을

| ㅇ | | | | |
| | | | | |

과자를

| ㅂ | | | |
| | | | |

이야기를 이해해요

01

이 글에 대한 설명이 맞으면 ○표에, 틀리면 ×표에 색칠하세요.

❶ 헨젤과 그레텔은 산에서 길을 찾지 못했어요.   ○ ×

❷ 그레텔은 무서운 할머니의 생각을 대강 헤아렸어요.   ○ ×

❸ 헨젤과 그레텔은 보석이 든 보자기를 줄로 묶었어요.   ○ ×

02

할머니에 대한 설명으로 알맞은 것은 무엇인가요? (🖉   )

❶ 집에 과자를 붙였어요.

❷ 헨젤에게 집안일을 시켰어요.

❸ 헨젤과 그레텔을 도와주었어요.

03

㉠의 뜻으로 알맞은 것을 골라 V표를 하세요.

☐ 어떤 기준이나 정도에 어긋나지 않게 하다.

☐ 물체를 쏘거나 던져서 어떤 물체에 닿게 하다.

자신 있게 사용할 수 있는 서술어에 색칠하세요.

| 맞히다 | 짐작하다 | 잊어버리다 | 붙이다 | 매다 |
| 맞추다 | 어림하다 | 잃어버리다 | 부치다 | 메다 |

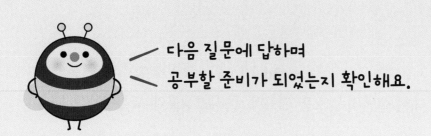

다음 질문에 답하며
공부할 준비가 되었는지 확인해요.

→ 예   → 아니요   ·····▷ 했어요

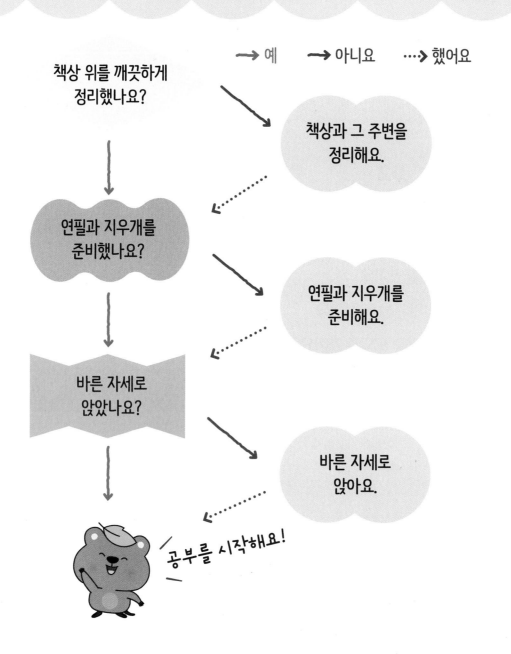

책상 위를 깨끗하게
정리했나요?

책상과 그 주변을
정리해요.

연필과 지우개를
준비했나요?

연필과 지우개를
준비해요.

바른 자세로
앉았나요?

바른 자세로
앉아요.

공부를 시작해요!

이번 주에는 무엇을 배울까요?

일차	서술어	과목	쪽수
16	계획하다	국어, 마을	84
17	정리하다	국어, 마을	88
18	감상하다	국어, 세계	92
19	분류하다	수학, 자연	96
20	조사하다	세계, 자연	100
이야기를 읽어요		벌거벗은 임금님	104

알고 있는 서술어에 색칠하세요.

계획하다

정리하다

감상하다

분류하다

조사하다

83

계획하다

글을 어떻게 쓸지
계획해 봅시다.

마을 탐험을
계획해 볼까요?

무엇을 하고
있니?

하루를 어떻게
보낼지 계획했어.

오후 3시

공부

오후 2시

지금이 오후 2시니깐
공부를 하고 있겠네.

잠시 후

지킬 수 있는
내용으로 계획해야지!

서술어를 익혀요

꼼꼼하게 이해하기

계획하다
앞으로 할 일을 미리 생각해 정하다.

예 방학 동안에 할 일을 계획하다.

무엇을 —— 계획하다

교과서에서는 주로 어떤 활동을 하기 전에 앞으로 할 활동을 어떻게 할지를 정할 때 쓰여요.
이때 활동을 언제, 어디서, 어떻게 할지를 구체적으로 계획해요.

재미있게 연습하기
선을 따라가 빈칸에 낱말을 써넣어 문장을 완성하세요.

여행

운동

생일잔치

| 를 |
| 계획해요. |

| 을 |
| 계획해요. |

| 을 |
| 계획해요. |

교과서를 이해해요

 교과서에서 '계획하다'가 어떻게 쓰이는지 살펴보고, 문제를 풀어 보세요.

자신을 소개하는 글을 어떻게 쓸지 **계획해** 봅시다.

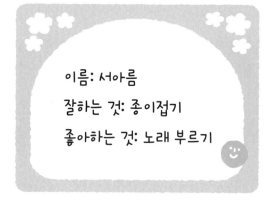

이름: 서아름

잘하는 것: 종이접기

좋아하는 것: 노래 부르기

자기소개 글에
어떤 내용을 쓸지
계획했습니다.

---

01 글자를 순서에 맞게 써넣어 문장을 완성하세요.

획 해 계 요

일기를 어떻게 쓸지 ⬚⬚⬚⬚ .

02 다음 내용을 보고, 해야 할 행동으로 알맞은 것을 골라 V표를 하세요.

모둠에서 역할놀이를 계획해 보세요.

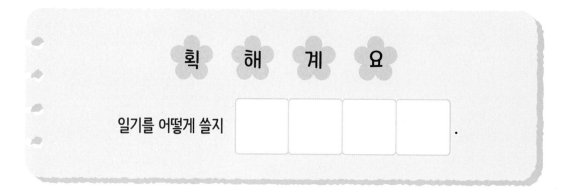

☐ 모둠 친구들과 역할놀이에 필요한 역할을 정해요.

☐ 모둠 친구들에게 역할놀이를 하고 느낀 점을 말해요.

마을　2학년 1학기 | #마을 탐험 계획하기

마을 탐험을 계획해 볼까요?

언제 탐험할지, 어디를 탐험할지 등을 계획해야 해.

이번 주 일요일에 행복 공원을 탐험하면 어떨까?

03 다람쥐가 소풍을 가려고 해요.
계획해야 할 내용에 알맞은 대답을 선으로 이으세요.

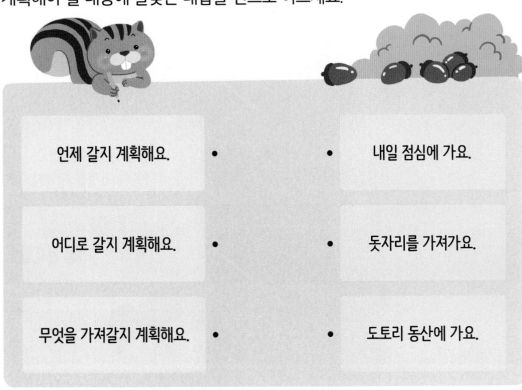

언제 갈지 계획해요. ●　　● 내일 점심에 가요.

어디로 갈지 계획해요. ●　　● 돗자리를 가져가요.

무엇을 가져갈지 계획해요. ●　　● 도토리 동산에 가요.

정리하다

국어	마을
내용을 정리해 보세요.	조사한 것을 정리해 볼까요?

서술어를 익혀요

꼼꼼하게 이해하기

정리하다

① 흐트러지거나 어지러운 것을 정돈하여 보기에 좋게 하다.

　예 아침에 이부자리를 정리하다.

② 짜임새 있게 구분하고 종합하다.

　예 일기에 쓸 내용을 정리하다.

무엇을
|
정리하다

교과서에서는 주로 ②의 뜻으로 쓰여요. 특히 공부한 내용, 앞에서 조사한 내용 등을 보기에 좋게 나타내는 활동을 안내할 때 사용해요.

재미있게 연습하기

그림을 보고, 알맞은 낱말에 색칠해 문장을 완성하세요.

생각 　장난감 　발표 내용 　을 정리해요.

생각 　장난감 　발표 내용 　을 정리해요.

생각 　장난감 　발표 내용 　을 정리해요.

교과서를 이해해요

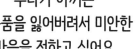 교과서에서 '정리하다'가 어떻게 쓰이는지 살펴보고, 문제를 풀어 보세요.

국어 2학년 1학기 | #고운 말 쓰기

고운 말을 전하고 싶은 사람에 대해 이야기를 나누고, 그 내용을 **정리해** 보세요.

누나가 아끼는
학용품을 잃어버려서 미안한
마음을 전하고 싶어요

- 전하고 싶은 사람: 누나
- 전하고 싶은 마음: 미안한 마음
- 전하고 싶은 까닭: 누나의 학용품을 잃어버렸어요.
- 전하고 싶은 고운 말: 누나, 미안해.

---

01 다음 설명을 보고, 빈칸에 들어갈 글자를 써 보세요.

말놀이를 할 때 지켜야 할 점을 [   ] 해요.

'짜임새 있게 구분하고 종합하다.'라는 뜻이에요. ↵

---

02 문장의 밑줄 그은 낱말과 뜻이 같은 것을 골라 V표를 하세요.

가장 인상 깊었던 일을 정하고, 그 내용을 <u>정리해</u> 봅시다.

☐ 책의 줄거리를 <u>정리해</u> 봅시다.

☐ 교실에 있는 책을 <u>정리해</u> 봅시다.

마을 2학년 1학기 | #조사한 내용 정리하기

마을에 대해 조사한 것을 정리해 볼까요?

장소	조사한 내용
책을 읽는 곳	별빛 도서관
산책을 하는 곳	행복 공원
물건을 사는 곳	초록 백화점

모둠에서 조사한 우리 마을 장소를 표로 정리했습니다.

03 윤서네 반에서 마을 소식지를 만들고 있어요.
다음 내용에 알맞은 행동을 한 친구에게 V표를 하세요.

마을 소식지에 들어갈 내용을 정리해 보세요.

우리 마을에 대해 조사한 내용을 '마을의 가볼 만한 곳'과 '마을을 위해 일하시는 분들'로 나눠야지.

우리 마을에 대해 조사할 때 필요한 준비물을 정돈해야지.

감상하다

작품을
감상해 봅시다.

여러 나라의 춤을
감상해 볼까요?

'파워맨' 힘내!

영화를 조용히
감상해야 해.

쉿!

아차, 제가 실수했어요.

서술어를 익혀요

꼼꼼하게 이해하기

감상하다

예술 작품 등을 보거나 듣거나 읽으며 이해하고 즐기다.

예 친구와 인형극을 감상하다.

예 다른 나라의 아름다운 풍경을 감상하다.

무엇을

감상하다

교과서에서는 주로 무엇인가를 감상한 후 자신의 생각이나 느낌을 표현해 보는 활동을 많이 해요. 특히 국어에서는 주로 동시나 이야기 글 등의 문학 작품을 감상해요.

재미있게 연습하기

빈칸에 들어갈 알맞은 낱말을 선으로
연결해서 문장을 완성하세요.

신나는 ⬜ 를 감상해요.

창밖의 ⬜ 를 감상해요.

화가의 ⬜ 을 감상해요.

경치

그림

노래

교과서를 이해해요

 교과서에서 '감상하다'가 어떻게 쓰이는지 살펴보고, 문제를 풀어 보세요.

국어 2학년 1학기 | #작품 감상하기

작품을 **감상**하고, 생각이나 느낌을 말해 봅시다.

> 저는 「흥부와 놀부」를 감상했습니다.
> 작품을 감상하고 흥부처럼
> 착한 마음을 지녀야겠다고 생각했습니다.

01 빈칸에 알맞은 글자를 써넣어 밑줄 그은 내용을 나타내는 낱말을 완성하세요.

시를 <u>읽으며 이해하고 즐기다</u>.

	상		다

02 다음 그림을 설명하는 알맞은 낱말을 골라 색칠하세요.

❶ 학생이 사진을
찍어요 | 감상해요 .

❷ 두 학생이 인형극을
감상해요 | 공연해요 .

94

세계 2학년 1학기 | #여러 나라의 춤

여러 나라의 춤을 **감상하고** 따라 해 볼까요?

미국 하와이의 '훌라'를
감상하고 손동작을
따라 해 보겠습니다.

03 지민이는 마을에서 열리는 세계 문화 축제에 대한 소식지를 만들려고 해요.
다음 지도를 보고, 빈칸에 알맞은 내용을 쓰세요.

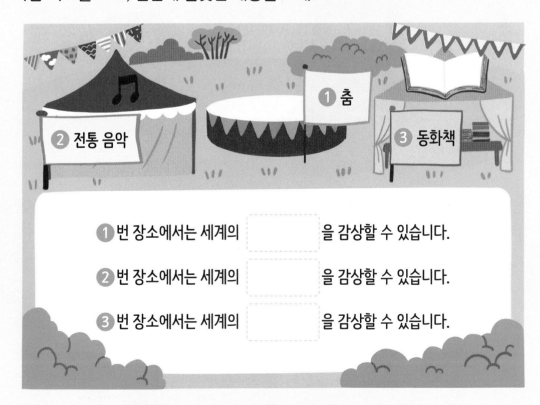

① 번 장소에서는 세계의 ⬚ 을 감상할 수 있습니다.

② 번 장소에서는 세계의 ⬚ 을 감상할 수 있습니다.

③ 번 장소에서는 세계의 ⬚ 을 감상할 수 있습니다.

분류하다

수학

옷을
분류해요.

자연

자연 속에 있는 동물을
분류해요.

장난감을
어떻게 정리하지?

네가 가지고 노는 것과
그렇지 않은 것으로
분류해 봐.

좋은 생각이다!

장난감을 분류해 보니,
가지고 놀지 않는 것이
하나도 없네.

가지고 놀지
않는 것

가지고
노는 것

서술어를 익혀요

꼼꼼하게 이해하기

분류하다
여러 사물을 종류에 따라 나누다.
⑨ 책을 동화책과 그림책으로 분류하다.
⑨ 우체국에서 편지를 마을별로 분류하다.

기준

분류하다

교과서에서는 모여 있는 사물이나 대상을 둘 이상으로 가르는 활동을 할 때 쓰여요. 분류하는 활동을 하기 위해서는 기준이 필요한데, 그 기준은 누가 나누더라도 같은 결과가 나올 수 있는 명확한 기준이어야 해요.

재미있게 연습하기

선반을 보고, 낱말 카드를 활용해 문장을 완성하세요.

모양	색깔	크기

컵을 ☐ 별로 분류했어요.

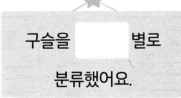
구슬을 ☐ 별로 분류했어요.

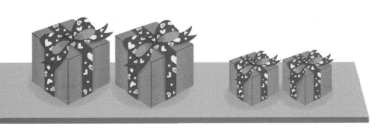

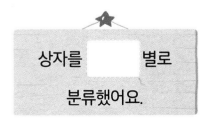
상자를 ☐ 별로 분류했어요.

교과서를 🐻 이해해요

 교과서에서 '분류하다'가 어떻게 쓰이는지 살펴보고, 문제를 풀어 보세요.

수학 2학년 1학기 | #분류하기

옷을 어떻게 분류할지 이야기해 봅시다.

옷을 윗옷과
아래옷으로
분류하겠습니다.

01 밑줄 그은 낱말을 바르게 써 보세요.

도형을 네모 모양과 세모 모양으로 <u>불류하세요</u>.

02 다음 그림을 보고, 알맞은 내용을 골라 ◯표를 하세요.

양말을 크기별로 분류했습니다.

양말을 무늬별로 분류했습니다.

자연 2학년 1학기 | #땅 위 동물들

자연 속에서 어떤 동물과 식물을 만날 수 있을까요?

> 자연 속에 있는 동물을
> 분류해 볼까요?

> 사는 곳에 따라 동물을
> 분류할 수 있어요.

---

03 친구들이 자연을 지키는 일을 하려고 해요.
밑줄 그은 내용에 알맞은 행동을 한 친구들에게 V표를 하세요.

> 재활용품은 다시 사용할 수 있는 물건을 말해요. 재활용품에는 종이, 플라스틱 등이
> 있어요. <u>재활용품을 버릴 때는 종이와 플라스틱을 분류해요.</u>

조사하다

세계

다른 나라의 음식을
조사해요.

자연

관심 있는 동물을
조사해 볼까요?

서술어를 익혀요

꼼꼼하게 이해하기

조사하다
어떤 내용을 알기 위해 자세히 살피거나 알아보다.

주제를
|
조사하다

㉐ 다른 나라의 축제를 조사하다.

㉐ 공기가 나빠지는 까닭을 조사하다.

교과서에서는 어떤 주제에 대해 자세히 알아보는 활동을 할 때 쓰여요. 책이나 인터넷 검색 등의 다양한 방법으로 주제에 대해 자세히 알아볼 수 있어요.

재미있게 연습하기
낱말 카드의 번호를 순서에 맞게 써넣어 문장을 완성하세요.

① 나라를   ② 가고 싶은   ③ 조사해요.

① 마을의   ② 조사해요.   ③ 자랑거리를

교과서를 이해해요

 교과서에서 '조사하다'가 어떻게 쓰이는지 살펴보고, 문제를 풀어 보세요.

세계 2학년 1학기 | #다른 나라 음식

다른 나라의 음식을 조사해요.

작게 자른 빵이나 고기를
녹인 치즈에 찍어 먹는 요리

저는 스위스의
'퐁뒤'를 조사했습니다.

01 밑줄 그은 내용과 바꾸어 쓸 수 있는 낱말을 골라 색칠하세요.

다른 나라에 어떤 집이 있는지 <u>자세히 살피거나 알아봐요.</u>

계획해요   조사해요

02 다음 질문에 대한 대답으로 알맞은 것을 골라 ○표를 하세요.

다른 나라의 장난감을 조사해 볼까요?

부메랑은 오스트레일리아의
전통 장난감입니다.

부메랑

엄마와 부메랑 던지기를
해 본 적이 있습니다.

자연 2학년 1학기 | #동물과 식물 조사하기

관심 있는 동물이나 식물을 조사해 볼까요?

나는 물이 부족한 곳에서도 잘 자라는 선인장을 조사하고 싶어.

책을 찾아보며 선인장에 대해 조사해 보자.

03 고양이가 숲속 친구들을 알아보려고 해요.
다음 내용을 보고, 고양이의 활동 순서에 맞는 번호를 쓰세요.

조사하는 순서

① 무엇을 알아볼지 정해요.
② 어떻게 알아볼지 정해요.
③ 조사해서 알아본 내용을 정리해요.

땅 속에 사는 동물을 조사할 거야.

조사해서 알게 된 내용을 그림으로 정리해 볼래.

땅 속 동물을 소개하는 책을 보고 조사해야지.

이야기를 읽어요

★ 공부한 날짜

월   일

 아래 낱말을 찾아 ○표를 하세요.

조사하다   계획하다   정리하다

분류하다   감상하다

1 　옛날에 새 옷 입기를 좋아하는 임금님이 살았어요. 임금님은 옷을 잘 만드는 사람을 조사했어요. 이 소식을 들은 한 형제는 임금님을 속일 것을 계획했어요. 형제는 임금님을 찾아가 착한 사람만 볼 수 있는 옷을 만들겠다고 했어요.

2 　형제는 "옷감을 정리하고 있습니다.", "㉠ 보석을 분류하고 있습니다."라고 말하며 옷을 만드는 시늉을 했어요. 당연히 임금님과 신하에게는 옷이 보이지 않았어요. 그런데 임금님은 옷이 보이는 척하며 말했어요. "나는 착한 사람이라 멋진 옷을 감상할 수 있구나." 신하도 임금님을 따라 옷을 칭찬했지요.

3 　임금님은 ◆행진할 때 형제의 옷을 입기로 했어요. 임금님은 벌거벗은 모습으로 사람들 앞에 나타났지요. 사람들은 웃으며 벌거벗은 임금님을 놀렸어요.

◆행진 사람들이 줄을 지어 앞으로 걸어감.

낱말의 첫 자음자를 보고, 빈칸에 들어갈 알맞은 낱말을 쓰세요.

속일 것을

ㄱ | | | | .

보이지 않는 옷을

ㄱ | | | | .

이야기를 이해해요

오늘 공부 끝! 조각을 잘라 111쪽에 붙이세요.

01
이 글에 나오는 인물과 인물에 대한 알맞은 설명을 선으로 이으세요.

임금님 ❶ •

형제 ❷ •

신하 ❸ •

• ㉠ 다른 사람을 속입니다.

• ㉡ 새 옷 입기를 좋아합니다.

• ㉢ 임금님에게 사실을 말하지 못합니다.

02
㉠을 그림으로 알맞게 표현한
것을 골라 V표를 하세요.

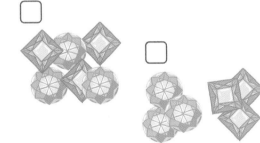

03
이 글에 대한 설명이 맞으면 ○표에,
틀리면 ×표에 색칠하세요.

❶ 형제는 옷을 만드는 시늉만 했어요. ○ ×

❷ 임금님은 눈에 보이는 옷을 감상했어요. ○ ×

❸ 사람들은 벌거벗은 임금님을 칭찬했어요. ○ ×

자신 있게 사용할 수 있는 서술어에 색칠하세요.

계획하다   정리하다   감상하다   분류하다   조사하다

1 - 3   왼쪽 뜻에 알맞은 낱말을 골라 V표를 하시오.

1   편지나 물건 등을 보내다.   ◯ 부치다   ◯ 붙이다

2   앞으로 할 일을 미리 생각해 정하다.   ◯ 계획하다   ◯ 조사하다

3   몇 가지가 모여 성질이나 모양이 만들어지다.   ◯ 일어나다   ◯ 이루어지다

4 - 6   문장에 알맞은 낱말을 보기에서 골라 쓰시오.

> 보기   걸리다   바르다   익히다

4   태권도 동작을 ☐☐☐.

5   목욕을 하고 로션을 ☐☐☐.

6   할머니 댁까지 두 시간이 ☐☐☐.

7   밑줄 그은 낱말과 뜻이 다른 것은?   (✏   )

❶ 버스에서는 손잡이를 <u>잡아요</u>.

❷ 위로 올라갈 때는 밧줄을 <u>잡아요</u>.

❸ 양팔을 벌리고 한 발로 균형을 <u>잡아요</u>.

8 - 10   문장에 알맞은 낱말을 골라 ◯표를 하시오.

8   인형을 공으로   맞혀서   맞춰서   선물을 받았어요.

9   날씨가 추워서 목도리를   매고   메고   장갑을 꼈어요.

10   지도를   잊어버려서   잃어버려서   길을 찾지 못했어요.

11 빈칸에 공통으로 들어갈 낱말을 골라 색칠하시오.

- 피자를 6조각으로   .
- 친구들과 활동 계획에 대한 의견을   .
- 학용품을 사용하는 것과 사용하지 않는 것으로   .

기릅니다.	나눕니다	분류합니다

12 빈칸에 들어갈 알맞은 낱말을 골라 선으로 이으시오.

조사한 내용을 표로   ❶   .

❷ 친구의 표정을 보고 기분을   .

ㄱ 정리해요

ㄴ 짐작해요

13 다음 초성을 보고, 빈칸에 들어갈 알맞은 낱말을 쓰시오.

가로① 취미로 식물을 (ㄱㄹㄷ).

세로❶ 부엌에서 음식 냄새를 (ㅁㄷ).

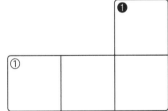

14 - 15 왼쪽 낱말을 넣어서 문장을 써 보시오.

14   남다 ✏ _____

15   감상하다 ✏ _____

1 - 3 뜻에 알맞은 낱말을 보기 에서 골라 쓰시오.

> 보기 분류하다 어림하다 일어나다

1 [ ][ ][ ][ ] : 어떤 일이 생기다.

2 [ ][ ][ ][ ] : 대강 짐작으로 헤아리다.

3 [ ][ ][ ][ ] : 여러 사물을 종류에 따라 나누다.

4 - 6 문장에 알맞은 낱말을 골라 V표를 하시오.

4 색종이를 잘라 도화지에 [ ] 부치다 [ ] 붙이다 .

5 창밖의 아름다운 들녘을 [ ] 기르다 [ ] 감상하다 .

6 수업 시간에 들었던 내용을 [ ] 잊어버리다 [ ] 잃어버리다 .

7 밑줄 그은 낱말과 뜻이 <u>다른</u> 것은?　　　　(✏　　　)

❶ 앉아 있는 자세가 <u>바르다</u>.

❷ 내 친구는 마음가짐이 <u>바르다</u>.

❸ 새로 만든 도로의 모습이 <u>바르다</u>.

8 - 10 문장에 알맞은 낱말을 골라 색칠하시오.

8 존댓말을 [길러서][익혀서] 올바로 사용해요.

9 심한 눈병이 [걸려서][맡아서] 병원에 갔어요.

10 주인공의 마음을 [조사해서][짐작해서] 써 보세요.

11 빈칸에 들어갈 알맞은 낱말을 골라 선으로 이으시오.

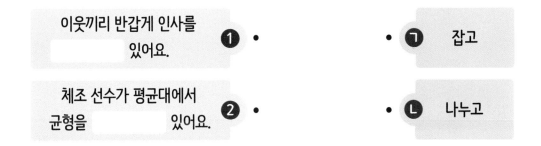

이웃끼리 반갑게 인사를 　　　 있어요. **❶** ・　　　・ **㉠** 잡고

체조 선수가 평균대에서 균형을 　　　 있어요. **❷** ・　　　・ **㉡** 나누고

12 ㉠, ㉡에 각각 들어갈 알맞은 낱말을 보기에서 골라 쓰시오.

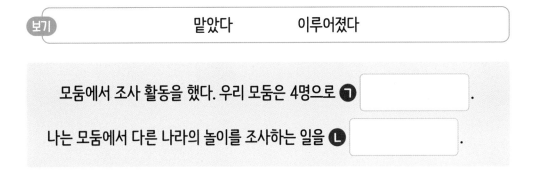

보기　　　　　　　 맡았다　　　　이루어졌다

모둠에서 조사 활동을 했다. 우리 모둠은 4명으로 **㉠**　　　　.

나는 모둠에서 다른 나라의 놀이를 조사하는 일을 **㉡**　　　　.

13 빈칸에 들어갈 알맞은 낱말을 골라 ◯표를 하시오.

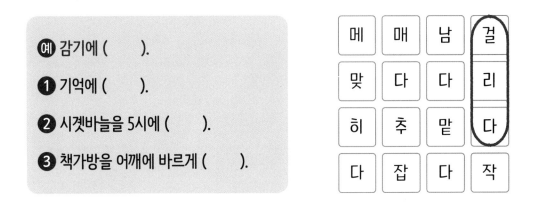

예 감기에 (　　　).

❶ 기억에 (　　　).

❷ 시곗바늘을 5시에 (　　　).

❸ 책가방을 어깨에 바르게 (　　　).

메	매	남	걸
맞	다	다	리
히	추	맡	다
다	잡	다	작

14 - 15 왼쪽 낱말을 넣어서 문장을 써 보시오.

14 기르다 ✎ _____

15 정리하다 ✎ _____

스스로 평가하기 🙂 잘함　😐 보통임　🙁 부족함

MEMO

다음에도 함께
공부하자.

공부로 이끄는 힘!

완자
공부력

교과서
문해력

교과서가 술술 읽히는
서술어

정답과 해설

2A
2학년

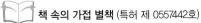
정답과 해설

QR코드

ABOVE IMAGINATION

우리는 남다른 상상과 혁신으로
교육 문화의 새로운 전형을 만들어
모든 이의 행복한 경험과 성장에 기여한다

완자
공부력

교과서문해력

교과서가 술술 읽히는 서술어 2A

| 정답과 해설 |

1주 뜻이 다양한 서술어 ①   2

2주 뜻이 다양한 서술어 ②   9

3주 헷갈리는 서술어   16

4주 활동을 안내하는 서술어   23

  실력 확인   30

정답과 해설을
함께 보며 실력을
탄탄하게 다져요.

서술어를 익혀요

본문 **13쪽**

재미있게 연습하기

괄호 안에 들어갈 낱말이 적힌 꽃을 골라 선으로 이으세요.

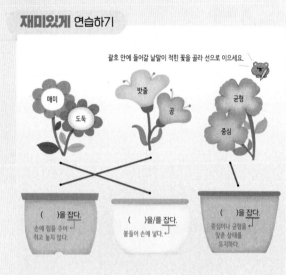

매미 / 도둑

밧줄 / 공

균형 / 중심

( )을 잡다.
손에 힘을 주어 쥐고 놓지 않다.

( )을/를 잡다.
붙들어 손에 넣다.

( )을 잡다.
중심이나 균형을 맞춘 상태를 유지하다.

첫 번째 문장의 괄호 안에 들어갈 수 있는 낱말은 '밧줄', '공', '책상' 등이 있고, 두 번째 문장의 괄호 안에 들어갈 수 있는 낱말은 '매미', '도둑', '고기' 등이 있어요. 세 번째 문장의 괄호 안에 들어갈 수 있는 낱말은 '균형', '중심' 등이 있어요.

지도 TIP 👉 뜻을 떠올린 후 어울리는 낱말이 무엇인지 찾을 수 있도록 지도해요.

교과서를 이해해요

본문 **14~15쪽**

01

[V] 한 발로 서서 균형을 잡아요.

02 먼저 친구와 가위바위보를 해요. 진 사람이 이긴 사람의 어깨를 [잡아요]. 기차를 만들어 혼자인 사람을 [잡아요].

03

01 첫 번째 문장에서 '잡다'는 중심이나 균형을 맞춘 상태를 유지한다는 뜻이에요. 두 번째 문장과 세 번째 문장에서 '잡다'는 손에 힘을 주어 쥐고 놓지 않는다는 뜻이에요.

02 붙들어 손에 넣는다는 뜻의 '잡다' 앞에는 주로 사람 또는 동물이 올 수 있어요. 따라서 '잡다'가 이 뜻으로 쓰인 문장은 '기차를 만들어 혼자인 사람을 잡아요.'예요. '진 사람이 이긴 사람의 어깨를 잡아요.'에서 '잡다'는 손에 힘을 주어 쥐고 놓지 않는다는 뜻이에요.

03 제시된 문장에서 '잡다'는 중심이나 균형을 맞춘 상태를 유지한다는 뜻으로 쓰였어요. 따라서 의자 옆에서 중심을 잡고 있는 동작을 한 오른쪽 그림이 알맞아요.

바르다

서술어를 익혀요

본문 17쪽

재미있게 연습하기

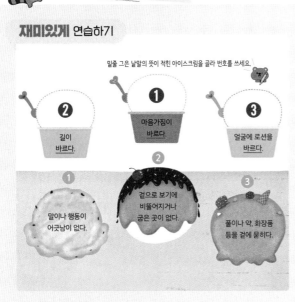

밑줄 그은 낱말의 뜻이 적힌 아이스크림을 골라 번호를 쓰세요.

❶ 마음가짐이 바르다.

❷ 길이 바르다.

❸ 얼굴에 로션을 바르다.

① 말이나 행동이 어긋남이 없다.

② 겉으로 보기에 비뚤어지거나 굽은 곳이 없다.

③ 풀이나 약, 화장품 등을 겉에 묻히다.

'길이 바르다.'에서 '바르다'는 겉으로 보기에 비뚤어지거나 굽은 곳이 없다는 뜻이고, '마음가짐이 바르다.'에서 '바르다'는 말이나 행동이 어긋남이 없다는 뜻이에요. '얼굴에 로션을 바르다.'에서 '바르다'는 풀이나 약, 화장품 등을 겉에 묻힌다는 뜻이에요.

지도 TIP 👉 '바르다' 앞에 오는 낱말이 무엇인지 살펴보고 '바르다'가 어떤 뜻으로 쓰였는지 알 수 있도록 지도해요.

교과서를 이해해요

본문 18~19쪽

01 바릅니다

01 '바르다'는 겉으로 보기에 비뚤어지거나 굽은 곳이 없다는 뜻과 말이나 행동이 어긋남이 없다는 뜻이 있어요. 따라서 빈칸에 똑같이 들어갈 낱말로 '바릅니다'가 알맞아요. '옳다'는 사리에 맞고 바르다는 뜻을 가지고 있어요.

02

나는 몸가짐이 바릅니다.

도로에 그려진 선이 바릅니다.   내 친구는 성실하고 생각이 바릅니다.

02 '나는 몸가짐이 바릅니다.'와 '내 친구는 성실하고 생각이 바릅니다.'에서 '바르다'는 말이나 행동이 어긋남이 없다는 뜻으로 쓰였어요. '도로에 그려진 선이 바릅니다.'에서 '바르다'는 겉으로 보기에 비뚤어지거나 굽은 곳이 없다는 뜻이에요.

03 ☑ 하나, 벌레에 물리면, 준비한 약을 <u>바릅니다</u>.

     ☑ 둘, 햇볕이 강한 날에는 자외선 차단제를 <u>바릅니다</u>.

03 '준비한 약을 바릅니다.'와 '자외선 차단제를 바릅니다.'에서 '바르다'는 모두 풀이나 약, 화장품 등을 겉에 묻힌다는 뜻이에요. '놀이 기구를 탈 때, 자세가 바르지 않으면'에서 '바르다'는 겉으로 보기에 비뚤어지거나 굽은 곳이 없다는 뜻이에요.

오늘 아이의 학습을 평가해 보세요.

공부한 서술어를 잘 이해했나요?

부족함   보통   잘함

서술어를 익혀요

본문 21쪽

재미있게 연습하기

밑줄 그은 낱말의 뜻이 같은 것끼리 선으로 이으세요.

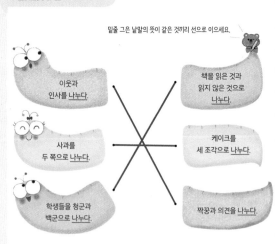

이웃과 인사를 나누다.

사과를 두 쪽으로 나누다.

학생들을 청군과 백군으로 나누다.

책을 읽은 것과 읽지 않은 것으로 나누다.

케이크를 세 조각으로 나누다.

짝꿍과 의견을 나누다.

인사나 의견을 나눈다고 할 때 '나누다'는 생각이나 이야기, 인사 등을 주고받는다는 뜻이고, 사과나 케이크를 나눈다고 할 때 '나누다'는 하나를 둘 이상으로 가른다는 뜻이에요. 학생들이나 책을 기준에 따라 나눈다고 할 때 '나누다'는 섞여 있는 것을 기준에 따라 구분한다는 뜻이에요.

지도 TIP ☞ '나누다'를 섞여 있는 것을 기준에 따라 구분한다는 뜻으로 쓸 때는 나누는 기준이 무엇인지도 알 수 있도록 지도해요.

교과서를 이해해요

본문 22~23쪽

01 ☑ 섞여 있는 것을 기준에 따라 구분하다.

02

시를 세 부분으로 나누어 보자.

03 ☑

엄마

아빠

나

01 제시된 문장에서 '나누다'는 섞여 있는 것을 기준에 따라 구분한다는 뜻이에요.

지도 TIP ☞ 자음이 두 개인 받침은 기준에 따라 겹받침과 쌍받침으로 구분하고 있어요.

02 '시를 읽고 든 생각을 나누어 보자.'와 '시를 읽는 방법에 대해 이야기를 나누어보자.'에서 '나누다'는 생각이나 이야기, 인사 등을 주고받는다는 뜻이에요. '시를 세 부분으로 나누어 보자.'에서 '나누다'는 하나를 둘 이상으로 가른다는 뜻이에요.

03 제시된 내용에서는 신발을 신는 사람에 따라 엄마, 아빠, 나로 나누고 신발장을 3칸으로 나누었다고 했어요. 따라서 신발장을 3칸으로 나누고, 엄마, 아빠, 나로 구분한 오른쪽 그림이 내용에 알맞아요.

익히다

서술어를 익혀요

본문 **25쪽**

재미있게 연습하기

밑줄 그은 낱말의 뜻이 적힌 색연필의 색으로 색칠하세요.

김치나 장 등을 맛이 들게 하다.

자주 경험하여 그 일을 잘하게 하다.

날것에 열을 가하여 맛이나 성질을 달라지게 하다.

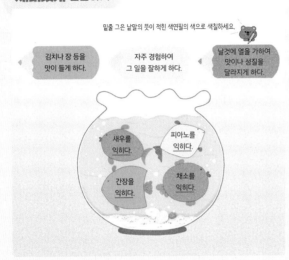

'새우를 익히다.'와 '채소를 익히다.'에서 '익히다'는 날 것에 열을 가하여 맛이나 성질을 달라지게 한다는 뜻이 에요. '간장을 익히다.'에서 '익히다'는 김치나 장 등을 맛이 들게 한다는 뜻이고, '피아노를 익히다.'에서 '익히 다'는 자주 경험하여 그 일을 잘하게 한다는 뜻이에요.

지도 TIP ☞ '익히다'의 뜻에 따라 어울리는 낱말을 구분할 수 있도록 지도해요.

교과서를 이해해요

본문 **26~27쪽**

01

익	히	다

01 밑줄 그은 내용과 바꾸어 쓸 수 있는 낱말은 자주 경험하여 그 일을 잘하게 한다는 뜻이 있는 '익히 다'예요.

02

생선을 익혀요.

02 '생선을 익혀요.'에서 '익히다'는 날것에 열을 가하 여 맛이나 성질을 달라지게 한다는 뜻이에요. '우 리말을 익혀요.'와 '체조 동작을 익혀요.'에서 '익히 다'는 자주 경험하여 그 일을 잘하게 한다는 뜻이 에요.

03

03 '채소에 양념을 넣어 불에 익힙니다.'에서 '익히다' 는 날것에 열을 가하여 맛이나 성질을 달라지게 한 다는 뜻이고, '채소에 양념을 넣어 3일 동안 익힙니 다.'에서 '익히다'는 김치나 장 등을 맛이 들게 한다 는 뜻이에요.

남다

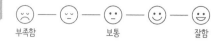

서술어를 익혀요

본문 **29쪽**

재미있게 연습하기

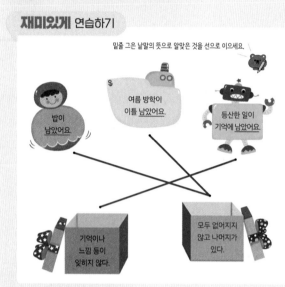

밑줄 그은 낱말의 뜻으로 알맞은 것을 선으로 이으세요

여름 방학이 이틀 남았어요.

밥이 남았어요.

등산한 일이 기억에 남았어요.

기억이나 느낌 등이 잊히지 않다.

모두 없어지지 않고 나머지가 있다.

'밥이 남았어요.'와 '여름 방학이 이틀 남았어요.'에서 '남다'는 모두 없어지지 않고 나머지가 있다는 뜻이에요. '등산한 일이 기억에 남았어요.'에서 '남다'는 기억이나 느낌 등이 잊히지 않는다는 뜻이에요.

교과서를 이해해요

본문 **30~31쪽**

01　　6　　7

　　남습니다　　모자랍니다

02　　3권

　　남습니다

03　① 남았어.

　　② 남을

　　① 남았으니,

01 딸기 13개 중에 6개를 먹으면, 딸기 7개가 남아요. 이때 '남다'는 모두 없어지지 않고 나머지가 있다는 뜻이에요. '모자라다'는 기준이 되는 정도에 미치지 못한다는 뜻이에요.

02 공책 5권 중에 2권을 친구에게 주면, 공책 3권이 남아요. 이때 '남다'는 모두 없어지지 않고 나머지가 있다는 뜻이에요. '넘다'는 정해진 수량, 범위 등을 벗어난다는 뜻이에요.

03 첫 번째 문장과 세 번째 문장에서 '남다'는 모두 없어지지 않고 나머지가 있다는 뜻이에요. 두 번째 문장에서 '남다'는 기억이나 느낌 등이 잊히지 않는다는 뜻이에요.

독해 Point 이 글은 여럿이 힘을 합치면 어려운 일을 해결할 수 있다는 교훈을 주는 글이에요. 각 물건들의 장점은 무엇인지, 또 각자의 장점을 활용해 어떻게 호랑이를 쫓아내는지 살펴보며 글을 읽도록 해요.

본문 32쪽

❶

옛날에 팥죽을 맛있게 만드는 할머니가 있었어요. 어느 날 호랑이가 나타나
　　　　　　할머니의 특징 - 팥죽을 맛있게 만듦.　　　　　　　　　　할머니를 잡아먹으려고 하는 대상

할머니를 잡았어요. 할머니는 호랑이에게 "밤에 팥죽을 만들려고 하니, 그때
　　　　　　　　　　　　　　　　　할머니의 꾀 - 호랑이에게 잡아먹힐 위기에서 벗어나기 위함.

팥죽도 먹고 나도 먹으렴."이라고 말했어요. 호랑이는 그렇게 하겠다고 했지요.
　　　　　　　　　　　　　　　　　　　　　　　할머니의 꾀에 넘어간 호랑이

➜ 팥죽을 맛있게 만드는 할머니가 호랑이에게 잡히자, 밤에 다시 오라고 말하며 위기에서 벗어났어요.

❷

밤이 되자 할머니가 슬픈 얼굴로 팥을 익혔어요. 알밤, 송곳, 개똥, 맷돌이
시간적 배경　　　　　　　　호랑이가 자신을 잡아먹으러 올 것이기 때문에　　　　　할머니를 도와주는 물건들

할머니를 돕기로 하고 호랑이를 쫓아낼 방법에 대해 이야기를 나누었어요.
　　　　　　　　할머니의 목숨을 구하기 위해 알밤, 송곳, 개똥, 맷돌이 이야기를 나눔.

➜ 알밤, 송곳, 개똥, 맷돌이 슬픈 얼굴로 팥죽을 만드는 할머니를 보고 할머니를 돕기로 했어요.

❸

얼마 뒤에 호랑이가 할머니 집으로 왔어요. 호랑이가 부엌에 들어가자 알밤이

호랑이의 눈을 때렸어요. 다음으로 송곳이 호랑이를 찔렀지요. 그리고 개똥이
　　　　알밤이 호랑이를 쫓아내기 위해 쓴 방법　　　　　　　송곳이 호랑이를 쫓아내기 위해 쓴 방법

자신을 바닥에 발라 호랑이가 넘어지게 했어요. 이제 맷돌만 ㉠남았어요. 맷돌은
　　　　개똥이 호랑이를 쫓아내기 위해 쓴 방법

넘어진 호랑이 위로 떨어졌지요. 다친 호랑이는 놀라서 멀리 도망갔어요.
　　　　맷돌이 호랑이를 쫓아내기 위해 쓴 방법

➜ 호랑이가 나타나자 알밤, 송곳, 개똥, 맷돌이 각자 자기의 장점을 활용해 호랑이를 쫓아냈어요.

오늘 아이의 학습을
평가해 보세요.

공부한 서술어를 잘 이해했나요?

부족함 ——— 보통 ——— 잘함

글의 내용을 잘 이해했나요?

부족함 ——— 보통 ——— 잘함

이야기를 이해해요

본문 **33쪽**

01 ❶ ○ ☒
   ❷ ○ ☒
   ❸ ○ ☒

02 ☑

03 ❸

01 ❷ 알밤, 송곳, 개똥, 맷돌이 이야기를 나누었어요.
❸ 알밤, 송곳, 개똥, 맷돌의 순서로 호랑이를 공격했어요.

02 개똥은 미끄러운 장점을 활용해 자신을 바닥에 발라서 호랑이를 넘어지게 했어요.

지도 TIP 👉 알밤, 송곳, 개똥, 맷돌의 장점과 그 장점을 활용해 어떻게 호랑이를 쫓아냈는지 알 수 있도록 지도해요.

03 ㉠의 '남다'는 모두 없어지지 않고 나머지가 있다는 뜻으로, ❶, ❷ 문장의 '남다'와 뜻이 같아요. ❸ 문장에서 '남다'는 기억이나 느낌 등이 잊히지 않는다는 뜻이에요.

낱말의 첫 자음자를 보고, 빈칸에 들어갈 알맞은 낱말을 쓰세요.

8

일어나다

서술어를 익혀요

본문 **37쪽**

재미있게 연습하기

그림을 보고, 밑줄 그은 낱말의 뜻으로 알맞은 것을 선으로 이으세요.

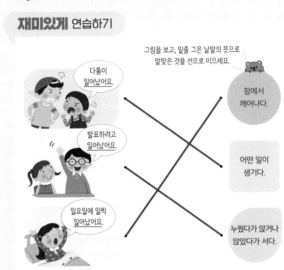

다툼이 일어났어요.

발표하려고 일어났어요.

일요일에 일찍 일어났어요.

잠에서 깨어나다.

어떤 일이 생기다.

누웠다가 앉거나 앉았다가 서다.

첫 번째 그림에서 '일어나다'는 어떤 일이 생긴다는 뜻이고, 두 번째 그림에서 '일어나다'는 누웠다가 앉거나 앉았다가 선다는 뜻이에요. 세 번째 그림에서 '일어나다'는 잠에서 깨어난다는 뜻이에요.

지도 TIP 👉 그림의 상황과 문장을 관련지어 생각해 보고 '일어나다'의 뜻을 떠올릴 수 있도록 지도해요.

교과서를 이해해요

본문 **38~39쪽**

01
☑ 재미있는 일이 일어났어요.

☑ 거리에서 사고가 일어났어요.

02
· 서준이는 일찍 일어나 운동해요.

· 윤아는 자리에서 일어나 반갑게 인사해요.

· 지민이는 친구에게 문제가 일어나면 도와줘요.

03

누웠다가 앉거나 앉았다가 서다.

01 '재미있는 일이 일어났어요.'와 '거리에서 사고가 일어났어요.'에서 '일어나다'는 어떤 일이 생긴다는 뜻으로 쓰였어요. '의자에서 일어났어요.'에서 '일어나다'는 누웠다가 앉거나 앉았다가 선다는 뜻이에요.

02 '윤아는 자리에서 일어나 반갑게 인사해요.'에서 '일어나다'는 누웠다가 앉거나 앉았다가 선다는 뜻이에요. '지민이는 친구에게 문제가 일어나면 도와줘요.'에서 '일어나다'는 어떤 일이 생긴다는 뜻이에요.

03 '버스가 멈추기 전에 일어나면 위험해요.'에서 '일어나다'는 누웠다가 앉거나 앉았다가 선다는 뜻으로 쓰였어요.

걸리다

서술어를 익혀요

본문 **41쪽**

재미있게 연습하기

빈칸에 들어갈 수 있는 낱말이 적힌 빵을 골라 번호를 쓰세요.

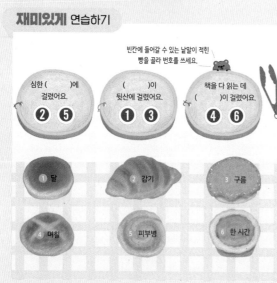

심한 (   )에
걸렸어요.
❷ ❺

(   )이
뒷산에 걸렸어요.
❶ ❸

책을 다 읽는 데
(   )이 걸렸어요.
❹ ❻

① 달
② 감기
③ 구름
④ 며칠
⑤ 피부병
⑥ 한 시간

첫 번째 문장에서 '걸리다'는 병이 든다는 뜻이므로 빈칸에 '감기', '피부병', '전염병' 등이 들어갈 수 있어요. 두 번째 문장에서 '걸리다'는 해, 달, 구름 등이 떠 있다는 뜻이므로 빈칸에 '달', '구름', '해' 등이 들어갈 수 있어요. 세 번째 문장에서 '걸리다'는 무엇을 하는 데 시간이 든다는 뜻이므로 빈칸에 '며칠', '한 시간', '30분' 등이 들어갈 수 있어요.

지도 TIP 👉 괄호 앞이나 뒤에 오는 낱말이 무엇인지 살펴보고 그 낱말이 어떤 낱말과 어울릴지 생각해 볼 수 있도록 지도해요.

교과서를 이해해요

본문 **42~43쪽**

01 걸려 | 가려져

02

소포가 도착하려면 이틀이 걸려요.

03 세계 많은 사람이 감염병에 걸렸습니다. 감염병이 나으려면 일주일 정도가 걸립니다. 다른 나라를 여행할 때는 감염병에 걸리지 않게 조심해야 합니다.

01 그림은 나무 사이에 달이 떠 있는 모습이므로, '걸려'가 알맞아요. '가리어지다'는 무엇이 사이에 가리게 되어 보이지 않는다는 뜻이에요.

02 '마을 공원까지 20분이 걸려요.'와 '소포가 도착하려면 이틀이 걸려요.'에서 '걸리다'는 무엇을 하는 데 시간이 든다라는 뜻으로 쓰였어요. '밤에는 지붕 위에 달이 걸려요.'에서 '걸리다'는 해, 달, 구름 등이 떠 있다는 뜻이에요.

03 '세계 많은 사람이 감염병에 걸렸습니다.'와 '다른 나라를 여행할 때는 감염병에 걸리지 않게 조심해야 합니다.'에서 '걸리다'는 병이 든다는 뜻으로 쓰였어요. '감염병이 나으려면 일주일 정도가 걸립니다.'에서 '걸리다'는 무엇을 하는 데 시간이 든다는 뜻이에요.

서술어를 익혀요

본문 45쪽

재미있게 연습하기

알맞은 낱말 조각의 번호를 써넣어 문장을 완성하세요.

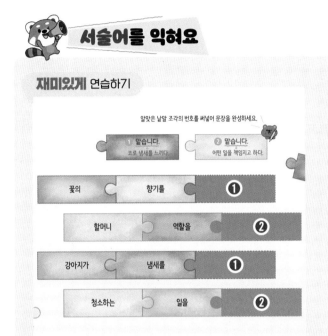

① 맡습니다.
코로 냄새를 느끼다

② 맡습니다.
어떤 일을 책임지고 하다.

꽃의	향기를	①
할머니	역할을	②
강아지가	냄새를	①
청소하는	일을	②

'꽃의 향기를 맡습니다.'와 '강아지가 냄새를 맡습니다.'에서 '맡다'는 코로 냄새를 느낀다는 뜻이고, '할머니 역할을 맡습니다.'와 '청소하는 일을 맡습니다.'에서 '맡다'는 어떤 일 책임지고 한다는 뜻이에요.

지도 TIP ☞ '맡다' 앞에 오는 낱말이 냄새와 관련된 것인지, 어떤 일과 관련된 것인지 살펴보고 '맡다'의 뜻을 이해하도록 지도해요.

교과서를 이해해요

본문 46~47쪽

01

맡았어요

02

음식 냄새를
가까이에서 맡았어요

03 ① 맡아요

② 맡고

③ 맡으면

④ 맡아

01 '맡다'는 어떤 일을 책임지고 한다는 뜻이므로, '책임지고 했어요'와 바꾸어 쓸 수 있는 낱말은 '맡았어요'예요. '정하다'는 여럿 가운데 하나를 선택한다는 뜻이에요.

02 '운동회에서 달리기 선수를 맡았어요.'와 '내가 그릇을 정리하는 일을 맡았어요.'에서 '맡다'는 어떤 일을 책임지고 한다는 뜻이에요. '음식 냄새를 가까이에서 맡았어요.'에서 '맡다'는 코로 냄새를 느낀다는 뜻이에요.

03 ❶, ❸ 문장에서 '맡다'는 코로 냄새를 느낀다는 뜻이고, ❷, ❹ 문장에서 '맡다'는 어떤 일을 책임지고 한다는 뜻이에요.

이루어지다

본문 49쪽

재미있게 연습하기

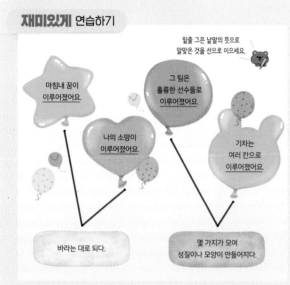

밑줄 그은 낱말의 뜻으로 알맞은 것을 선으로 이으세요.

마침내 꿈이 이루어졌어요.

그 팀은 훌륭한 선수들로 이루어졌어요.

나의 소망이 이루어졌어요.

기차는 여러 칸으로 이루어졌어요.

바라는 대로 되다.

몇 가지가 모여 성질이나 모양이 만들어지다.

'마침내 꿈이 이루어졌어요.'와 '나의 소망이 이루어졌어요.'에서 '이루어지다'는 바라는 대로 된다는 뜻이에요. '그 팀은 훌륭한 선수들로 이루어졌어요.'와 '기차는 여러 칸으로 이루어졌어요.'에서 '이루어지다'는 몇 가지가 모여 성질이나 모양이 만들어진다는 뜻이에요.

지도 TIP 👉 '이루어지다' 앞에 오는 낱말이 무엇인지 살펴보고 '이루어지다'의 뜻을 알 수 있도록 지도해요.

본문 50~51쪽

교과서를 이해해요

01

⃝

01 곧은 선 4개로 이루어진 도형은 사각형이에요.

    지도 TIP 👉 오각형은 곧은 선 5개로 이루어졌어요.

02 2 3 **4**

    2 3 4

    흩어져   **이루어져**

02 그림을 보면, 집 모양의 윗부분은 사각형 2개, 삼각형 2개로, 아랫부분은 삼각형 2개로 이루어져 있어요. 따라서 집 모양은 삼각형 4개와 사각형 2개로 이루어져 있어요. '흩어지다'는 한데 모여 있던 것이 따로따로 떨어진다는 뜻이에요.

03

내 꿈은 과학자입니다. 꿈이 이루어질 수 있도록 책을 열심히 읽습니다.

내 성격은 긍정적입니다. 바라는 것이 이루어지지 않아도 실망하지 않습니다.

내 취미는 축구입니다. 내가 활동하는 마을 축구팀은 또래 친구들로 이루어져 있습니다.

바라는 대로 되다.

몇 가지가 모여 성질이나 모양이 만들어지다.

03 첫 번째 문장과 두 번째 문장에서 '이루어지다'는 바라는 대로 된다는 뜻이고, 세 번째 문장에서 '이루어지다'는 몇 가지가 모여 성질이나 모양이 만들어진다는 뜻이에요.

기르다

 **서술어를 익혀요**

본문 53쪽

재미있게 연습하기

밑줄 그은 낱말의 뜻이 같은 것끼리 선으로 이으세요.

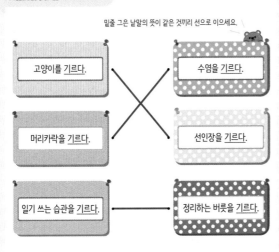

고양이를 <u>기르다</u>.

수염을 <u>기르다</u>.

머리카락을 <u>기르다</u>.

선인장을 <u>기르다</u>.

일기 쓰는 습관을 <u>기르다</u>.

정리하는 버릇을 <u>기르다</u>.

'고양이를 기르다.'와 '선인장을 기르다.'에서 '기르다'는 동물이나 식물을 보살펴 자라게 한다는 뜻이에요. '머리카락을 기르다.'와 '수염을 기르다.'에서 '기르다'는 머리카락이나 수염 등을 깎지 않고 자라도록 한다는 뜻이에요. '일기 쓰는 습관을 기르다.'와 '정리하는 버릇을 기르다.'에서 '기르다'는 습관을 몸에 익숙하게 한다는 뜻이에요.

지도 TIP ☞ '기르다' 앞에 오는 낱말이 무엇인지 살펴보고 '기르다'의 뜻을 알 수 있도록 지도해요.

교과서를 🐻 이해해요

본문 54~55쪽

01 하나, 사슴벌레를 ② <u>기르고</u> 싶어요.

둘, 저금하는 습관을 ① <u>기르고</u> 싶어요.

셋, 머리카락을 허리까지 ③ <u>기르고</u> 싶어요.

넷, 밥 먹고 양치하는 습관을 ① <u>기르고</u> 싶어요.

02

책 읽는 습관을 길러요.

03 ✔

반려 동물을 입양해 길러요.

01 '사슴벌레를 기르고 싶어요.'에서 '기르다'는 동물이나 식물을 보살펴 자라게 한다는 뜻이에요. '저금하는 습관을 기르고 싶어요.'와 '밥 먹고 양치하는 습관을 기르고 싶어요.'에서 '기르다'는 습관을 몸에 익숙하게 한다는 뜻이에요. '머리카락을 허리까지 기르고 싶어요.'에서 '기르다'는 머리카락이나 수염 등을 깎지 않고 자라도록 한다는 뜻이에요.

02 '토끼를 길러요.'와 '마당에서 해바라기를 길러요.'에서 '기르다'는 동물이나 식물을 보살펴 자라게 한다는 뜻이에요. '책 읽는 습관을 길러요.'에서 '기르다'는 습관을 몸에 익숙하게 한다는 뜻이에요.

03 '햇볕이 잘 드는 곳에서 식물을 길러요.'와 '반려 동물을 입양해 길러요.'에서 '기르다'는 동물이나 식물을 보살펴 자라게 한다는 뜻이고, '꽃에 물을 주는 습관을 길러요.'에서 '기르다'는 습관을 몸에 익숙하게 한다는 뜻이에요.

독해 Point 이 글은 지혜로운 생각으로 위기를 극복할 수 있다는 교훈을 주는 글이에요. 위기에 처한 토끼가 어떻게 위기에서 벗어났는지와 토끼와 자라는 각각 어떤 특징이 있는지 살펴보며 글을 읽어요.

본문 56쪽

1

옛날에 용왕님이 큰 병에 **걸렸어요**. 병이 나으려면 토끼의 간을 먹어야 했지만,

　　　　　　　　　　　　　　　용왕님의 병을 낫게 할 수 있음.

바닷속에서는 토끼를 **기를** 수 없었어요. 그래서 땅 위에서도 살 수 있는 자라가

　　　　　　　　　　　　　　　　　　자라의 특징 ① - 토끼를 데려오는 일을 맡게 된 이유

토끼를 데려오는 일을 **맡았지요**. 자라는 토끼를 꼭 찾고 싶었어요.

➜ 용왕님의 병을 낫게 하기 위해 토끼의 간이 필요해지자 자라가 토끼를 데려오는 역할을 맡았어요.

2

땅 위로 올라간 자라는 토끼를 찾았어요. 자라는 '나의 소원이 ㉠이루어졌어.'

　　　　　　　　　　　　　　　　　　　　　자라의 소원 - 토끼를 찾는 것

라고 생각했어요. 자라는 토끼를 속여 바닷속으로 데려갔어요. 용왕님은 토끼를

　　　　　　　　　　　　　　　　　　　　　　　　　　　　　　토끼의 위기

보자, 자리에서 **일어나** 간을 달라고 했지요. 위험에 처한 토끼는 간을 집에 두고

　　　　　　　　　　　　　　　　　토끼의 특징 ① - 지혜로움 → 토끼가 위기에서 벗어나게 됨.

왔다고 말했어요. 자라는 토끼와 함께 간을 가지러 다시 땅 위로 갔어요.

➜ 자라는 토끼를 찾아 바닷속으로 데려왔고 위기에 처한 토끼가 지혜를 발휘해 위험에서 벗어났어요.

3

토끼는 땅 위에 도착하자마자 깡충깡충 뛰어 도망갔어요. 걸음이 느린 자라는

　　　　　　　　　　토끼의 특징 ② - 땅 위에서 빠름　　　　　　　　　　자라의 특징 ② -
　　　　　　　　　　　　　　　　　　　　　　　　　　　　　　　토끼를 놓치게 된 이유

도망가는 토끼를 따라갈 수 없었지요.

➜ 땅 위로 올라간 토끼는 도망갔고, 걸음이 느린 자라는 토끼를 따라갈 수 없어 토끼를 놓쳤어요.

오늘 아이의 학습을
평가해 보세요.

공부한 서술어를 잘 이해했나요?

부족함   보통   잘함

글의 내용을 잘 이해했나요?

부족함   보통   잘함

이야기를 이해해요

본문 57쪽

01

2	토끼가 용왕님을 속였어요.
1	용왕님이 큰 병에 걸렸어요.
3	땅 위에 도착한 토끼가 도망을 갔어요.

02 ❶

03 해인

01 용왕님이 큰 병에 걸리자 자라가 토끼를 데리고 바닷속으로 왔어요. 토끼는 위기에 처하자, 용왕님을 속여서 다시 땅 위로 올라갔어요. 땅 위에 도착한 토끼는 도망을 갔어요.

02 자라는 토끼보다 걸음이 느려서 도망가는 토끼를 따라갈 수 없었어요.

03 ㉠은 바라는 대로 된다는 뜻으로, '내 생일에 바라는 일이 이루어졌어요.'에서 '이루어지다'와 뜻이 같아요.

낱말의 첫 자음자를 보고, 빈칸에 들어갈 알맞은 낱말을 쓰세요.

일을 | 맡 | 다 |.

병에 | 걸 | 리 | 다 |.

맞히다 / 맞추다

 서술어를 익혀요

본문 61쪽

재미있게 연습하기

괄호 안에 들어갈 알맞은 글자를 골라 ○표를 하세요.

약속 시간에 맞(히 (추))다.

화살을 과녁에 맞((히) 추)다.

콩 주머니를 박에 맞((히) 추)다.

춤 동작을 노래에 맞(히 (추))다.

'맞히다'는 물체를 쏘거나 던져서 물체를 닿게 한다는 뜻이므로, '화살을 과녁에 맞히다.', '콩 주머니를 박에 맞히다.'가 알맞아요. '맞추다'는 어떤 기준이나 정도에 어긋나지 않게 한다는 뜻이므로 '약속 시간에 맞추다.', '춤 동작을 노래에 맞추다.'가 알맞아요.

지도 TIP ☞ '맞히다'와 '맞추다' 앞에 오는 낱말을 살펴보고 '맞히다'와 '맞추다' 중 무엇과 어울리는지 찾을 수 있도록 지도해요.

 교과서를 **이해해요**

본문 62~63쪽

01

❌

02 ❶ 맞혔어요 맞췄어요

　　 ❷ 맞혔어요 **맞췄어요**

　　 ❸ 맞혀야 **맞춰야**

03 ❶ ☑ 맞춰요

　　 ❷ ☑ 맞춰서

　　 ❸ ☑ 맞추고

01 공을 화분에 닿게 한 것이므로 '맞히다'를 써야 해요. → 공놀이를 하다가 화분을 공으로 맞혔어요.

02 ❶ 눈덩이를 친구의 어깨에 닿게 했다는 내용이므로 '맞혔어요'를 써요. ❷, ❸ 정해진 시간과 기준에 어긋나지 않게 했다는 내용이므로 '맞췄어요'와 '맞춰야'를 써야 해요.

03 버터의 양을 저울의 눈금 30에, 우유의 양을 컵의 눈금 100에, 오븐의 온도를 250에 어긋나지 않게 하라는 내용이므로 모두 '맞추다'를 써야 해요.

짐작하다 / 어림하다

서술어를 익혀요

본문 **65쪽**

재미있게 연습하기

그림을 보고, 문장에 더 어울리는 낱말을 골라 색칠하세요.

수첩의 길이를 　짐작하다　 **어림하다** .

친구의 기분을 　**짐작하다**　 어림하다 .

동화책의 내용을 　**짐작하다**　 어림하다 .

모인 사람의 수를 　짐작하다　 **어림하다** .

수첩의 길이, 모인 사람의 수와 같이 길이나 수를 헤아리릴 때는 '어림하다'를, 친구의 기분, 동화책의 내용과 같이 생각이나 내용을 헤아릴 때는 '짐작하다'를 쓰는 것이 더 어울려요.

지도 TIP 👉 '짐작하다', '어림하다'와 더 어울리는 낱말을 구별할 수 있도록 지도해요.

교과서를 이해해요

본문 **66~67쪽**

01 ☑ 짐작할

01 제시된 문장은 책의 제목으로 책의 내용을 대강 헤아린다는 내용이므로 '짐작하다'가 어울려요.

02

등장인물의 마음을 짐작하며 글을 읽어요.

등장인물의 마음을 대강 헤아려요.   등장인물의 마음을 정확하게 알아봐요.

02 '짐작하다'는 사정이나 형편을 대강 헤아린다는 뜻이므로, 등장인물의 마음을 짐작하는 것은 등장인물의 마음을 대강 헤아린다는 뜻이에요.

03 ❶ (짐작했어요, 어림했어요)

❷ (짐작해서, 어림해서)

03 달팽이가 비버의 표정을 보고 비버의 마음을 대강 헤아렸으므로, 괄호 안에는 '짐작했어요'가 들어가는 것이 알맞아요. 그리고 달팽이가 비버에게 꼬리로 나뭇가지의 길이를 헤아려 비교해 보라고 했으므로, 괄호 안에는 '어림해서'가 들어가는 것이 알맞아요.

잊어버리다 / 잃어버리다

본문 **69쪽**

재미있게 연습하기

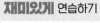

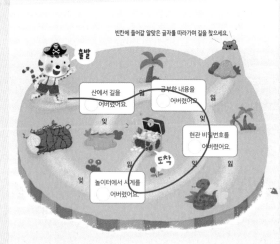

빈칸에 들어갈 알맞은 글자를 따라가며 길을 찾으세요.

출발

산에서 길을 ○어버렸어요.

공부한 내용을 ○어버렸어요.

현관 비밀번호를 ○어버렸어요.

놀이터에서 시계를 ○어버렸어요.

도착

첫 번째 문장에는 길을 찾지 못한다는 뜻의 '잃어버리다'를, 두 번째 문장에는 알았던 것을 기억해 내지 못한다는 뜻의 '잊어버리다'를, 세 번째 문장에는 기억해야 할 것을 생각해 내지 못한다는 뜻의 '잊어버리다'를, 네 번째 문장에는 가졌던 물건이 없어졌다는 뜻의 '잃어버리다'를 써야 해요.

교과서를 이해해요

본문 **70~71쪽**

01 ✔

01 밑줄 그은 문장은 아침에 우산을 가져가야 한다는 것을 생각해 내지 못했다는 내용이에요. 따라서 밑줄 그은 내용에 알맞은 그림은 두 번째 그림이에요. 첫 번째 그림은 가지고 있던 우산을 잃어버린 모습을 나타내고 있어요.

02

잃어버리면

02 제시된 문장은 길을 찾지 못한다는 내용이므로, 빈 칸에 들어갈 알맞은 낱말은 길을 찾지 못한다는 뜻의 '잃어버리면'이에요.

03

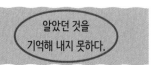

알았던 것을 기억해 내지 못하다.

03 제시된 문장은 당황하면 알았던 부모님 전화번호를 기억해 내지 못할 수 있다는 내용이에요.

붙이다 / 부치다

서술어를 익혀요

본문 73쪽

재미있게 연습하기

괄호 안에 들어갈 알맞은 낱말을 선으로 이으세요.

우편으로 소포를 ( ).

붙이다

공책에 붙임딱지를 ( ).

부치다

상처에 반창고를 ( ).

친구에게 편지를 ( ).

소포와 편지를 보낸다는 내용에는 편지나 물건 등을 보낸다는 뜻의 '부치다'를 써야 하고, 반창고와 붙임딱지가 떨어지지 않게 한다는 내용에는 서로 맞닿아 떨어지지 않게 한다는 뜻의 '붙이다'를 써야 해요.

지도 TIP 👉 '붙이다'와 '부치다'가 어떤 낱말과 어울려서 쓰이는지 알 수 있도록 지도해요.

교과서를 📖 이해해요

본문 74~75쪽

01 ☑

02

붙여

03 ❶ (붙였어요)

❷ (붙였어요)

❸ (부쳤어요)

01 밑줄 그은 내용은 물건을 이어서 서로 떨어지지 않게 한다는 것이에요. 따라서 물건들이 서로 붙어 있는 두 번째 그림이 알맞아요.

02 숫자와 '약'이라는 글자를 떨어지지 않게 한다는 내용이므로 빈칸에 들어갈 낱말은 '붙여'예요.

03 ❶, ❷ 투명 테이프를 상자와 떨어지지 않게 한다는 내용과 종이를 상자와 떨어지지 않게 한다는 내용이므로 '붙이다'를 써요. ❸ 우편으로 선물을 보낸다는 내용이므로 '부치다'를 써요.

지도 TIP 👉 그림을 보고 문장의 뜻을 생각해 보고 '붙이다'와 '부치다' 중 어느 것이 알맞은지 찾을 수 있도록 지도해요.

매다 / 메다

서술어를 익혀요

본문 77쪽

재미있게 연습하기

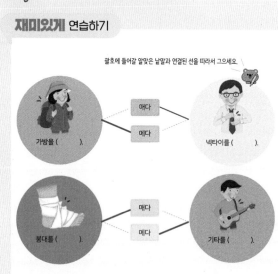

괄호에 들어갈 알맞은 낱말과 연결된 선을 따라서 그으세요.

가방을 (   ).   매다 / 메다   넥타이를 (   ).

봉대를 (   ).   매다 / 메다   기타를 (   ).

가방과 기타는 어깨에 걸치거나 올려놓는 것이므로 '메다'를 써야 해요. 넥타이와 붕대를 묶어 풀어지지 않게 하는 것이므로 '매다'를 써요.

지도 TIP 👉   그림을 보며 '매다'와 '메다'가 각각 어떤 낱말과 어울려서 쓰이는지 알 수 있도록 지도해요.

교과서를 📖 이해해요

본문 78~79쪽

01

02

매어

03 ❶ 매요 **메요**

     ❷ **매요** 메요

01 구명조끼의 끈이 풀어지지 않게 한다는 뜻이므로 '매다'를 써야 해요. → 구명조끼를 입고, 끈을 당겨서 단단히 매요.

02 제시된 내용은 배가 떠내려가지 않도록 배를 밧줄로 묶어 풀어지지 않게 한다는 것이에요. 따라서 빈칸에는 끈이나 줄을 묶어 풀어지지 않게 한다는 뜻의 '매어'가 알맞아요.

03 ❶ 사람이 많으면 가방을 앞으로 하여 어깨에 걸치거나 올려놓는다는 내용이므로 '메요'가 알맞아요.
❷ 안전 모자가 벗겨지지 않게 끈을 잘 묶어 풀어지지 않게 한다는 내용이므로 '매요'가 알맞아요.

이야기를 읽어요

본문 80쪽

독해 Point   이 글은 어려운 상황에 처하더라도 포기하지 않으면 어려움을 이겨 낼 수 있다는 교훈을 주는 이야기에요. 헨젤과 그레텔이 어떤 위험에 처했고, 그 위험에서 어떻게 빠져나왔는지 살펴보며 글을 읽어요.

1

헨젤과 그레텔이라는 오누이가 산속에서 길을 잃어버렸어요. 오누이는 산속을
등장인물   헨젤과 그레텔이 처한 위기 상황
헤매다가 과자로 만든 집을 발견했어요. 두 사람은 배가 고파서 과자를 먹었어요.

그때 집에 과자를 붙이고 있던 무서운 할머니가 오누이를 잡았어요.
                                   할머니가 오누이를 사로잡음.
→ 산속에서 길을 잃어버린 헨젤과 그레텔이 과자로 만든 집에서 무서운 할머니에게 붙잡혔어요.

2

할머니는 헨젤을 가두고, 그레텔에게는 집안일을 시켰어요. 어느 날 할머니는

그레텔에게 오븐 안에 들어가 오븐의 온도를 ㉠ 맞추도록 했어요. 그레텔은 할머니의
                      그레텔을 오븐 안에 들어가게 하기 위한 속임수
생각을 짐작했어요. 그리고 오븐에 들어가면 위험하다고 생각했어요.
그레텔이 할머니가 자신을 해치려 한다는 사실을 눈치챔.
→ 그레텔이 자신을 오븐에 가두려는 할머니의 생각을 짐작하고 위험을 느꼈어요.

3

헨젤과 그레텔은 꾀를 내어 그레텔 대신 할머니가 오븐에 들어가게 했어요.
                           헨젤과 그레텔이 꾀를 내어 위험에서 빠져나옴.
할머니를 오븐에 가둔 오누이는 집에 있던 보석을 보자기에 담아 어깨에 메고

도망쳤어요. 얼마 뒤에 헨젤과 그레텔은 보석을 가지고 집으로 돌아갔지요.
→ 헨젤과 그레텔이 꾀를 내어 할머니를 오븐에 가두고, 보석을 가지고 도망쳐 집으로 돌아갔어요.

오늘 아이의 학습을
평가해 보세요.

공부한 서술어를 잘 이해했나요?

부족함　　　　보통　　　　잘함

글의 내용을 잘 이해했나요?

부족함　　　　보통　　　　잘함

 이야기를 이해해요

본문 81쪽

01 ❶ ○ ☒
　　❷ ○ ☒
　　❸ ○ **☒**

02 ❶

03
☑ 어떤 기준이나 정도에
어긋나지 않게 하다.

01 ❸ 헨젤과 그레텔은 할머니를 오븐에 가두고 집에
있던 보석을 보자기에 담아 어깨에 멨어요.

02 ❷ 할머니는 헨젤이 아니라 그레텔에게 집안일을
시켰어요.
❸ 할머니는 헨젤과 그레텔을 도와준 것이 아니라
위험에 처하게 했어요.

03 ㉠은 어떤 기준이나 정도에 어긋나지 않게 한다는
뜻이에요. 물체를 쏘거나 던져서 어떤 물체에 닿게
한다는 뜻을 가진 낱말은 '맞히다'예요.

낱말의 첫 자음자를 보고, 빈칸에 들어갈 알맞은 낱말을 쓰세요.

길을
ㅇ				
잃	어	버	리	다

과자를
ㅂ		
붙	이	다

22

계획하다

 **서술어를 익혀요**

`본문 85쪽`

재미있게 연습하기

선을 따라가 빈칸에 낱말을 써넣어 문장을 완성하세요.

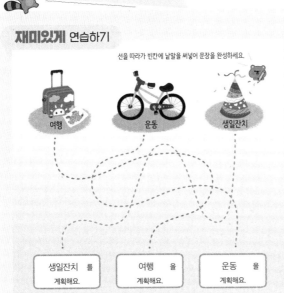

여행   운동   생일잔치

생일잔치	를		여행	을		운동	을

계획해요.   계획해요.   계획해요.

선을 따라가 문장을 완성하면, '생일잔치를 계획해요.', '여행을 계획해요', '운동을 계획해요.'가 돼요.

지도 TIP 👉 '계획하다'를 사용해 앞으로 할 일을 표현할 수 있어요. 이때 '계획하다' 앞에 무엇을 계획할지 써야 한다는 점을 이해할 수 있도록 지도해요.

교과서를 📖 이해해요

`본문 86~87쪽`

01

계	획	해	요

01 글자를 순서에 맞게 쓰면, '계획해요'예요.

02 ☑ 모둠 친구들과 역할놀이에 필요한 역할을 정해요.

02 모둠에서 역할놀이를 계획할 때는 먼저 역할놀이에 필요한 역할을 정해야 해요. 역할놀이를 하고 느낀 점을 말하는 것은 역할놀이가 끝난 뒤에 할 수 있는 행동이에요.

03

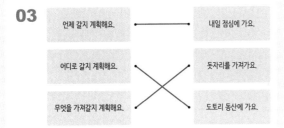

언제 갈지 계획해요. ——— 내일 점심에 가요.

어디로 갈지 계획해요.   돗자리를 가져가요.

무엇을 가져갈지 계획해요.   도토리 동산에 가요.

03 언제 소풍을 갈지 계획하는 내용에 알맞은 것은 '내일 점심에 가요.'이고, 어디로 소풍을 갈지 계획하는 내용에 알맞은 것은 '도토리 동산에 가요.'예요. 소풍을 갈 때 무엇을 가져갈지 계획하는 내용에 알맞은 것은 '돗자리를 가져가요.'예요.

지도 TIP 👉 문제를 풀며 어딘가를 방문하는 활동을 계획할 때는 언제 갈지, 어디로 갈지, 무엇을 가져갈지 등을 계획할 수 있다는 점을 자연스럽게 이해할 수 있도록 지도해요.

정리하다

서술어를 익혀요

본문 89쪽

재미있게 연습하기

그림을 보고, 알맞은 낱말에 색칠해 문장을 완성하세요.

생각 **장난감** 발표 내용 을 정리해요.

생각 장난감 발표 내용 을 정리해요.

생각 장난감 **발표 내용** 을 정리해요.

첫 번째 그림은 장난감을 정리하는 모습을 표현했어요. 두 번째 그림은 계획이나 할 일 등의 생각을 정리하는 모습을 표현했어요. 세 번째 그림은 친구의 발표 내용을 정리하는 모습을 표현했어요.

지도 TIP ☞ 정리하는 대상은 물건이 될 수도 있고, 생각, 발표 내용 등이 될 수도 있어요. 그림을 살펴보고 정리하는 대상이 무엇인지 찾을 수 있도록 안내해요.

교과서를 이해해요

본문 90~91쪽

01 ⬚ 정리

01 짜임새 있게 구분하고 종합한다는 뜻을 가진 낱말은 '정리하다'예요.

02 Ⅴ 책의 줄거리를 <u>정리</u>해 봅시다.

02 제시된 문장에서 '정리하다'는 짜임새 있게 구분하고 종합한다는 뜻이에요. '교실에 있는 책을 정리해 봅시다.'에서 '정리하다'는 흐트러지거나 어지러운 것을 정돈하여 보기에 좋게 한다는 뜻이에요.

03 우리 마을에 대해 조사한 내용을 '마을의 가볼 만한 곳'과 '마을을 위해 일하시는 분들'로 나눠야지.

Ⅴ

03 제시된 문장은 마을 소식지를 만들 계획을 짜임새 있게 구분하고 종합해 보라는 뜻이에요. 따라서 마을 소식지에 들어갈 내용을 정리하는 모습이 알맞아요.

감상하다

재미있게 연습하기

본문 93쪽

빈칸에 들어갈 알맞은 낱말을 선으로 연결해서 문장을 완성하세요.

신나는 □를 감상해요.

창밖의 □를 감상해요.

화가의 □을 감상해요.

경치

그림

노래

빈칸 앞에 있는 내용으로 빈칸에 들어갈 낱말을 알 수 있어요. 신나는 노래를, 창밖의 경치를, 화가의 그림을 감상한다는 내용이 알맞아요.

지도 TIP 👉 감상하는 대상은 예술 작품이 될 수도 있고, 경치, 풍경 등의 자연이 될 수도 있다는 점을 이해하도록 지도해요.

교과서를 이해해요

본문 94~95쪽

01 감 상 하 다

02 ❶ 찍어요 **감상해요**
　 ❷ **감상해요** 공연해요

03 ❶ 춤
　 ❷ 전통 음악
　 ❸ 동화책

01 시는 예술 작품이고, 예술 작품인 시를 읽으며 이해하고 즐기는 것은 시를 감상하는 것이에요.

02 ❶ 학생이 사진을 찍고 있는 것이 아니라 사진을 보며 즐기고 있는 모습이기 때문에 그림을 설명하는 낱말로 '감상해요'가 알맞아요. ❷ 두 학생이 인형극을 직접 공연하고 있는 것이 아니라 인형극을 보며 즐기고 있는 모습이기 때문에 그림을 설명하는 낱말로 '감상해요'가 알맞아요.

03 지도를 보면 ❶번 장소에서는 춤을, ❷번 장소에서는 전통 음악을, ❸번 장소에서는 동화책을 감상할 수 있어요.

지도 TIP 👉 문제를 풀며 다양한 예술 작품을 감상할 수 있다는 점을 자연스럽게 이해하게 지도해요.

분류하다

서술어를 익혀요

본문 97쪽

재미있게 연습하기

선반을 보고, 낱말 카드를 활용해 문장을 완성하세요.

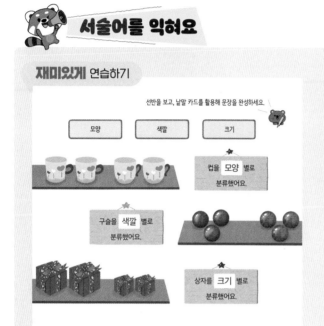

| 모양 | 색깔 | 크기 |

컵을 **모양** 별로 분류했어요.

구슬을 **색깔** 별로 분류했어요.

상자를 **크기** 별로 분류했어요.

컵은 서로 모양이 달라 모양별로 분류했고, 구슬은 서로 색깔이 달라 색깔별로 분류했어요. 상자는 서로 크기가 달라 크기별로 분류했어요.

지도 TIP ☞ 그림을 살펴보고 물건을 어떤 기준에 따라 나누었는지 알 수 있도록 지도해요.

교과서를 이해해요

본문 98~99쪽

01

| 분 | 류 | 하 | 세 | 요 |

01 '분류하다'는 [불류하다]로 소리 나요. '분류하다'는 모양과 소리가 달라 쓸 때 헷갈릴 수 있어요.

지도 TIP ☞ 우리말에는 모양과 소리가 다른 낱말이 있음을 알려 주고, 이러한 낱말을 쓸 때 주의를 기울여야 한다는 점을 지도해요.

02

양말을 무늬별로 분류했습니다.

02 그림에 제시된 네 개의 양말은 크기는 같지만, 두 개의 양말에는 줄무늬가 있고, 나머지 두 개의 양말에는 동그라미 무늬가 있어요. 따라서 양말들을 무늬별로 분류할 수 있어요.

03 ☑

03 재활용품을 종이와 플라스틱으로 종류에 따라 나누어 넣는 왼쪽 그림이 제시된 문장에 알맞아요.

조사하다

서술어를 익혀요

본문 101쪽

재미있게 연습하기

낱말 카드의 번호를 순서에 맞게 써넣어 문장을 완성하세요.

❶ 나라를　　❷ 가고 싶은　　❸ 조사해요.

❷ ❶ ❸

❶ 마을의　　❷ 조사해요.　　❸ 자랑거리를

❶ ❸ ❷

'~을/를 조사하다.'의 형태로 문장을 만들면, '가고 싶은 나라를 조사해요.'와 '마을의 자랑거리를 조사해요.'가 알맞아요.

지도 TIP 👉 '조사하다'를 문장에서 쓸 때는 조사하는 주제를 앞에 써야 해요. 따라서 '나라를'과 '자랑거리를'을 '조사해요' 앞에 써야 한다는 점을 알려 주고, '가고 싶은'과 '마을의'는 조사하는 주제를 꾸며 주는 말이라는 것도 알 수 있도록 지도해요.

교과서를 📖 이해해요

본문 102~103쪽

01

조사해요

02

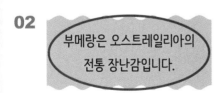

부메랑은 오스트레일리아의 전통 장난감입니다.

03

❶ ❸ ❷

01 '조사하다'는 어떤 내용을 알기 위해 자세히 살피거나 알아본다는 뜻이에요. 따라서 '자세히 살피거나 알아봐요.'는 '조사해요'와 바꾸어 쓸 수 있어요.

02 제시된 문장은 다른 나라의 장난감을 자세히 살피거나 알아보자는 뜻이에요. 따라서 '부메랑'을 오스트레일리아의 전통 장난감이라고 말한 것이 알맞은 대답이에요.

03 조사하는 순서에 따르면, 고양이는 땅 속에 사는 동물을 조사하기로 정하고, 조사하려는 주제를 책을 보고 조사하기로 했어요. 그리고 조사해서 알게 된 내용을 그림으로 정리하기로 했어요.

지도 TIP 👉 '조사하는 순서'의 ❶에서는 조사 주제를, ❷에서는 조사 방법을, ❸에서는 조사 내용에 대한 정리를 다루고 있다는 점을 알 수 있도록 지도해요.

독해 Point　이 글은 허영심으로 잘못된 판단과 행동을 하면 안 된다는 교훈을 주는 글이에요. 형제가 임금님을 어떻게 속였고, 임금님이 형제에게 속은 까닭이 무엇인지 생각해 보며 글을 읽어요.

본문 104쪽

❶

옛날에 새 옷 입기를 좋아하는 임금님이 살았어요. 임금님은 옷을 잘 만드는
<u>　　　　　　　　　　　　</u>
임금님의 특징 - 멋 부리기 좋아함.

사람을 <mark>조사했어요.</mark> 이 소식을 들은 한 형제는 임금님을 속일 것을 <mark>계획했어요.</mark>

형제는 임금님을 찾아가 착한 사람만 볼 수 있는 옷을 만들겠다고 했어요.
　　　　　　　　　　　　<u>　　　　　　　　　　　　</u>
　　　　　　　　　　　　임금님을 속이기 위한 거짓말

➜ 임금님이 새 옷 입기를 좋아한다는 것을 알게 된 형제가 임금님을 속일 것을 계획했어요.

❷

형제는 "옷감을 <mark>정리하고</mark> 있습니다.", "㉠ 보석을 <mark>분류하고</mark> 있습니다."라고
　　　　　<u>　　　　　　　　</u>　　　　　　　　<u>　　　　　　　　</u>
　　　　　옷을 만드는 시늉을 하는 모습 ①　　　　　옷을 만드는 시늉을 하는 모습 ②

말하며 옷을 만드는 시늉을 했어요. 당연히 임금님과 신하에게는 옷이 보이지
　　　　　　　　　　　　　　　　　<u>　　　　　　　　　　　　　</u>
　　　　　　　　　　　　　　　　　옷을 만드는 시늉만 할 뿐 옷을 만들지 않았기 때문에

않았어요. 그런데 임금님은 옷이 보이는 척하며 말했어요. "나는 착한 사람이라
<u>　　　</u>　　　　　　　　　　　　　　　　　　　　　<u>　　　　　　　　</u>

멋진 옷을 <mark>감상할</mark> 수 있구나." 신하도 임금님을 따라 옷을 칭찬했지요.
<u>　　　　　　　　　</u>　　　　　　　　　　　<u>　　　　　　　　　　　</u>
옷이 보이는 척하는 임금님의 모습　　　　　　옷이 보이는 척하는 신하의 모습

➜ 형제가 옷을 만드는 시늉을 하자, 임금님과 신하는 옷이 보이지 않았지만 옷이 보이는 척 행동했어요.

❸

임금님은 행진할 때 형제의 옷을 입기로 했어요. 임금님은 벌거벗은 모습으로
　　　　　　　　　　　　　　　　　　<u>　　　　　　　　　　　　　　　</u>
　　　　　　　　　　　　　　　　　　옷이 진짜로 있다고 믿은 임금님 → 임금님의 어리석은 면모가 드러남.

사람들 앞에 나타났지요. 사람들은 웃으며 벌거벗은 임금님을 놀렸어요.

➜ 옷이 진짜로 있다고 믿은 임금님이 벌거벗고 행진했고, 그 모습을 본 사람들이 임금님을 놀렸어요.

오늘 아이의 학습을
평가해 보세요.

공부한 서술어를 잘 이해했나요?

부족함 —— 보통 —— 잘함

글의 내용을 잘 이해했나요?

부족함 —— 보통 —— 잘함

이야기를 이해해요

본문 105쪽

01
임금님 ❶ ────┐ ┌──── ㉠ 다른 사람을 속입니다.
형제 ❷ ──┐ └──┼──── ㉡ 새 옷 입기를 좋아합니다.
신하 ❸ ──┴─────── ㉢ 임금님에게 사실을 말하지 못합니다.

02 ☑

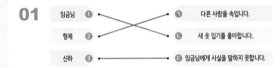

03
❶ ○ ✕
❷ ○ ✕
❸ ○ ✕

01 임금님은 새 옷 입기를 좋아해요. 형제는 임금님을 속였어요. 신하는 임금님에게 옷이 보이지 않는다는 사실을 말하지 못하고, 거짓으로 옷을 칭찬했어요.

02 '분류하다'는 여러 사물을 종류에 따라 나눈다는 뜻이에요. 따라서 보석이 종류에 따라 나누어져 있는 그림이 ㉠을 알맞게 표현한 그림이에요.

03 ❷ 임금님은 눈에 보이지 않는 옷을 감상하는 척했어요.
❸ 사람들은 벌거벗은 임금님을 놀렸어요.

낱말의 첫 자음자를 보고, 빈칸에 들어갈 알맞은 낱말을 쓰세요.

속일 것을

| 계 | 획 | 하 | 다 |

보이지 않는 옷을

| 감 | 상 | 하 | 다 |

1회

○ 맞힌 개수 / 15개

본문 106~107쪽

01 부치다 **02** 계획하다 **03** 이루어지다

04 익히다 **05** 바르다 **06** 걸리다

07 ③ **08** 맞혀서 **09** 매고

10 잃어버려서 **11** 나눕니다

12 ❶-㉠ ❷-㉡

13 가로① 기르다 세로❶ 맡다

14 📝예시 답안 소풍에서 보물찾기를 한 일이 기억에 남다.

15 📝예시 답안 음악회에서 연주를 감상하다.

01 '붙이다'는 서로 맞닿아 떨어지지 않게 한다는 뜻이에요.

02 '조사하다'는 어떤 내용을 알기 위해 자세히 살피거나 알아본다는 뜻이에요.

03 '일어나다'는 잠에서 깨어난다는 뜻과 누웠다가 앉거나 앉았다가 선다는 뜻이 있어요. 그리고 어떤 일이 생긴다는 뜻도 있어요.

04 제시된 문장에는 자주 경험하여 그 일을 잘하게 한다는 뜻의 '익히다'가 알맞아요.

05 제시된 문장에는 풀이나 약, 화장품 등을 겉에 묻힌다는 뜻의 '바르다'가 알맞아요.

06 제시된 문장에는 무엇을 하는 데 시간이 든다는 뜻의 '걸리다'가 알맞아요.

07 ❶, ❷ 문장에서 '잡다'는 손에 힘을 주어 쥐고 놓지 않는다는 뜻이에요. ❸ 문장에서 '잡다'는 중심이나 균형을 맞춘 상태를 유지한다는 뜻이에요.

08 제시된 문장은 공을 던져서 인형에 닿게 한다는 내용이므로 '맞혀서'를 써요.

09 제시된 문장은 목도리를 묶어 풀어지지 않게 한다는 내용이므로 '매고'를 써요.

10 제시된 문장은 가지고 있던 지도가 없어졌다는 내용이므로 '잃어버려서'를 써요.

11 빈칸에 공통으로 들어갈 낱말은 '나눕니다'예요. '나누다'는 하나를 둘 이상으로 가르다는 뜻과 섞여 있는 것을 기준에 따라 구분한다는 뜻, 생각이나 이야기, 인사 등을 주고받는다는 뜻이 있어요.

12 '정리하다'는 짜임새 있게 구분하고 종합한다는 뜻이에요. '짐작하다'는 사정이나 형편을 대강 헤아린다는 뜻이에요. 따라서 '조사한 내용을 표로 정리해요.', '친구의 표정을 보고 기분을 짐작해요.'가 알맞아요.

13 '기르다'는 동물이나 식물을 보살펴 자라게 한다는 뜻이 있고 '맡다'는 코로 냄새를 느낀다는 뜻이 있어요. 따라서 '취미로 식물을 기르다.', '부엌에서 음식 냄새를 맡다.'가 알맞아요.

14

✅ 채점 기준

😊 잘했어요	'남다'의 뜻을 알고, 뜻이 잘 드러난 문장을 썼어요.
😐 다시 공부해요	'남다'만 따라 썼어요.

15

✅ 채점 기준

😊 잘했어요	'감상하다'의 뜻을 알고, 뜻이 잘 드러난 문장을 썼어요.
😐 다시 공부해요	'감상하다'만 따라 썼어요.

본문 108~109쪽

2회

○ 맞힌 개수 　　／ 15개

01 일어나다　　02 어림하다　　03 분류하다

04 붙이다　　05 감상하다　　06 잊어버리다

07 ②　　08 익혀서　　09 걸려서

10 짐작해서

11 ❶-ⓒ　❷-㉠

12 ㉠-이루어졌다 ⓒ-맡았다

13 ❶ 남다　❷ 맞추다　❸ 메다

14 **예시 답안** 아침에 일찍 일어나는 습관을 기르다.

15 **예시 답안** 1학기 동안 공부한 내용을 정리하다.

01 '일어나다'는 잠에서 깨어난다는 뜻과 누웠다가 앉거나 앉았다가 선다는 뜻도 있어요.

02 '어림하다'는 주로 길이나 수 등을 대강 헤아릴 때 사용해요.

03 '분류하다'를 사용할 때는 사물들의 특징을 살펴보고 어떻게 나눌지 기준을 정해요.

04 제시된 문장은 색종이를 도화지와 떨어지지 않게 한다는 내용이므로 '붙이다'를 써요.

05 제시된 문장은 창밖의 아름다운 들녘의 풍경을 보고 즐긴다는 내용이므로 '감상하다'를 써요.

06 제시된 문장은 수업 시간에 들어 알았던 내용을 기억해 내지 못한다는 내용이므로 '잊어버리다'를 써요.

07 ❶, ❸ 문장에서 '바르다'는 겉으로 보기에 비뚤어지거나 굽은 곳이 없다는 뜻이에요. ❷ 문장에서 '바르다'는 말이나 행동이 어긋남이 없다는 뜻이에요.

08 제시된 문장에는 자주 경험하여 그 일을 잘하게 한다는 뜻을 가진 '익혀서'가 알맞아요.

09 제시된 문장에는 병이 든다는 뜻을 가진 '걸려서'가 알맞아요.

10 제시된 문장에는 사정이나 형편을 대강 헤아린다는 뜻을 가진 '짐작해서'가 알맞아요.

11 '잡다'는 중심이나 균형을 맞춘 상태를 유지한다는 뜻이고, '나누다'는 생각이나 이야기, 인사 등을 주고받는다는 뜻이에요. 따라서 '이웃끼리 반갑게 인사를 나누고 있어요.'와 '체조 선수가 평균대에서 균형을 잡고 있어요.'가 알맞아요.

12 '맡다'는 어떤 일을 책임지고 한다는 뜻이고, '이루어지다'는 몇 가지가 모여 성질이나 모양이 만들어진다는 뜻이에요. 따라서 ㉠에는 '이루어졌다'가, ⓒ에는 '맡았다'가 알맞아요.

13 ❶은 기억이 잊히지 않는다는 뜻이므로 '남다'를 써요. ❷는 시곗바늘을 5시에 두어 어긋나지 않게 한다는 뜻이므로 '맞추다'를 써요. ❸은 책가방을 어깨에 걸치거나 올려놓는다는 뜻이므로 '메다'를 써요.

14

✓ 채점 기준	
☺ 잘했어요	'기르다'의 뜻을 알고, 뜻이 잘 드러난 문장을 썼어요.
☹ 다시 공부해요	'기르다'만 따라 썼어요.

15

✓ 채점 기준	
☺ 잘했어요	'정리하다'의 뜻을 알고, 뜻이 잘 드러난 문장을 썼어요.
☹ 다시 공부해요	'정리하다'만 따라 썼어요.